诗意语文
——王崧舟语文教育七讲

王崧舟 ◎ 著

华东师范大学出版社
EAST CHINA NORMAL UNIVERSITY PRESS

自　序

　　德国的哲学诗人荷尔德林(F. Friedrich Holderlin)，一个被誉为"恢复语言活力和复苏灵魂的人"，面对人生的种种劳绩与苦难，写下过这样的诗句：

　　　　如果人生纯属辛劳，

　　　　人就会仰天而问：

　　　　难道我所求太多以至无法生存？

　　　　是的，只要良善和纯真尚与人心为伴，

　　　　人就会欣喜地

　　　　用神性来度测自己。

　　　　神莫测而不可知？

神湛若青天？

我宁愿信奉后者。

神本是人的尺规。

人充满劳绩，但还

诗意地栖居于大地上。

毋庸回避，作为人生真相之具体一面的语文教育，"充满劳绩"是自不待言的。但倘若自己的语文人生"纯属辛劳"，我活着教着又还有多少"意义"呢？在我看来，"只有劳绩"的语文人生和"没有劳绩"的语文人生同样毫无意义可言。于是，沉迷于"意义之问"的我，不得不仰天而问：为何非得汲汲于"劳绩"呢？为何不能诗意地栖居在语文大地呢？

2004年，我以执教《一夜的工作》为契机，开始踏上了"诗意语文"的朝圣之路。一晃已是5个年头了，这中间，有发现的喜悦，思考的沉静；有精神同盟的云集响应，不同思想的交锋争鸣；有陷入窠臼的迷惘，突破重围的畅快。如今，诗意语文作为一个风格鲜明的教学流派，得到了越来越多的语文教学同行的认可与传布。

但是，依照个人的看法，我不认为诗意语文是一种教学流派，也不主张将诗意语文标定为某种教学流派。这不是故作姿态，更不是耸人听闻。从发生论的角度看，教学流派的生成轨迹是由"教学个性"到"教学风格"再到"教学流派"。很显然，"教学风格"是"教学流派"形成的一个历史基点和逻辑支点。如果按照这个思路进行

诗意语文

2

逆推的话,"诗意语文"理所当然的是某种"教学风格"。

那么,诗意语文是某种教学风格呢?我看未必。举例来说,李白、杜甫、王维的诗,自然都充满诗意,这是毋庸置疑的。三位诗人的风格又是截然不同的,"诗仙"李白的诗风豪放飘逸,"诗圣"杜甫的诗风沉郁顿挫,"诗佛"王维的诗风清丽旷淡。这就意味着,"诗意"是一个超越个性、超越风格的范畴,自然,诗意语文也应是一种超越风格、超越流派的教学现象,这是第一。第二,"诗意"本身是一个多维度、多层次的模糊概念,从不同的角度对"诗意"有着不同的阐释。譬如,从哲学的视角看,诗意乃是一种精神和心灵的自由;从认识论的视角看,诗意则是某种直觉和顿悟,是对人生和宇宙的当下了悟;从存在论的视角看,诗意指涉一种有意味的感性形式的存在;从美学的视角看,诗意是人类情感的一种表现与升华;从伦理学的视角看,诗意就是善良、仁爱与悲悯;从心理学的视角看,诗意则常常意味着丰富的想象和创造;从社会学的视角看,诗意是一种内在的幸福感;从文学的视角看,诗意总是呈现为某种含蓄、凝练、朦胧的境界。这还只是一种学理上的列举,倘若将"诗意"置于每个读者的主体视野,则它的体验意义几乎是无限的。一旦将诗意语文框定为某种教学流派,那么,诗意的多样性和模糊性必将遭受毁灭性的打击。所以,什么时候将诗意语文解释透彻了,什么时候也就宣告了诗意语文的死亡。

在我看来,诗意语文是对语文教育理想境界的一种追寻,也是

对语文教育本色和本真的一种深刻自觉和回归。追寻理想和回归本色其实是一回事，即对存在本身所作的不同角度的观照和表达。一切优秀的语文教学，必定是诗意的语文；一切风格鲜明的语文教学，无论素朴还是绚烂、无论激情澎湃还是理趣盎然、无论散发着平民气息还是充满了贵族气质，在它们之上，必有皎皎如明月、灿灿似星辰的诗意流布其间、充盈内外。

　　收录在这部语文教育讲演集中的内容，是这几年我对诗意语文的一个不断理解和生成的文字轨迹。大多是我参与各种大型的、专题的语文教学观摩活动、培训活动的讲座和报告。借了这些讲演活动，我希望呈现给读者的，是我自己内心深处流淌出来的对于诗意语文的解读和修行。

　　我始终觉得，诗意语文不是一个名词，也没有一个静态的、现成的诗意语文可以供我们去模仿甚至膜拜。诗意语文只能成为一个动词，一个过程，你不可能得到她、拥有她，你只能在行进的过程中不断体验她、观照她。在这样一个即时即是的过程中，你发现了自己灵魂深处的一些感动、一些悲悯、一些纯真、一些美好。于是，你在成就诗意语文的同时，也成就了自己的诗意人生。

　　这是语文的解放，更是人自身的解放。

目　录

诗意语文

2

诗意语文，追寻审美化实践智慧

时间　2007 年 11 月 8 日

地点　浙江教育学院

活动　全国首届智慧课堂名师高峰论坛

整理　吴文奇

假如三年以前，有人问我，什么是诗意语文？我会这样回答：诗意语文是一种精神的语文，一种感性的语文，一种儿童的语文，一种灵魂的语文，一种生活的语文。

假如两年以前，有人问我，什么是诗意语文？我会这样回答：诗意语文不是一种另类的语文，而是力图使语文更形象一些，更抒情一些，更模糊一些，更精致一些，更灵动一些，当然还可以加更多的一些……

假如一年以前，有人问我，诗意语文是什么？我会这样回答：诗意语文是一种境界，它是自由对话的、唤醒意会的、精神契合的、追寻幸福的、实现自我的，是语文的最高境界，它就是让语文成为生命的诗意所在。

假如现在有人再问我，诗意语文是什么？我跟他说两句话，第一句话，我前面说的可能都是废话；第二句话，诗意语文就是诗意语文。

你会觉得很奇怪，这不是玩循环定义吗？没错，就是循环定义。当我们对一个问题刨根究底问"是什么"的时候，你会发现你走进了一个死胡同。我们为什么一定要问"语文是什么"，因为我们假设语文是一个实体，我们一定要假定语文是一个看得见摸得着的实体。那么，我现在要问，语文有所谓的实体吗？我曾经说过：什么时候将诗意语文解释透彻了，什么时候也就宣告了诗意语文的死亡。这说明我们在研究方法上出现了问题。逻辑的、下定义的方式并不能从根本上把握诗意语文。怎么办？调整思路！不撞南墙心不死，那是愣头青、傻小子们的办法，我们要懂得变通思路。怎么变通思路呢？很简单，苦海无边，回头是岸，回过来你就会发现，山重水复疑无路，柳暗花明又一村。

我们把更多思考"诗意语文是什么"变为"诗意语文如何是"，回到现象本身，回到实实在在的语文生活中来。看一看，在现象前面，在占有大量生动细节的课堂教学现象背后，究竟隐藏了什么，或者说这种课堂现象究竟向我们说明了什么。这就是还原思考，这就是现象学思考。

有人说，现象是用来描述的。不要认为描述只是文学语言、诗性语言，事实上描述也是科学语言，也可以成为研究语言。比如，我们现在做的大量的教育叙事研究，教学案例研究。那么，由分析模式转为描述模式，我们来谈谈"诗意语文如何是"。

举　象

所谓举象，就是将语言文字还原成一定的形象、印象、意象。

诗意语文用到的基本策略或者说最精彩的课堂现象就是举象。所谓"象"，就是语言文字的三种表现和呈象：形象、印象、意象。

我们汉字大量的对象，不是思维概念、逻辑判断、分析推理。在我们小学语文教材中，大量的语言文字指向生活本身，指向事件本身，指向人物本身，而这些人物、事件、情节由象组成，由一个个生动、丰富的、充满感性的语言的象组成。

举象，回到象，就是回到语文的源头活水，那么什么是"举"呢？就是呈现，就是打开。语言文字是再抽象不过的符号，所以有人说人是语文的动物，又有人说人是符号的动物。但是这些语言、符号对于有生活体验的人来说，不仅仅是符号，首先是一个象。

我觉得语文教学说白了就是两件事情，第一件事情：由言到意。它是理解的过程，倾听的过程，走向视界融合的过程。第二件事情，由意到言。它是倾诉的过程，表达的过程，表现的过程，是思想情怀，内在体验种种转化为表现与存在的过程。

但是研究了几十年，实践了几十年，效果却不尽如人意。著名语言学家吕叔湘先生在1978年撰文批评语文教学："本国的学生学习本国语文，花了十几年的时间，花了二千多个学时，到头来却是大多数人过不了关，岂非咄咄怪人。所以我们的语文教学是少慢差费。"与那时候的口号"多快好省"地建设社会主义形成了鲜明对比。然而，语文教学的现状又如何？基本上差不多，月亮还是这个月亮，星星还是这个星星，涛声依旧，死水微澜，没有多少分别。

很多看到的好现象，其实看到的是公开课的现象，公开课是我们全国所有语文教学中的十万分之一，百万分之一，千万分之一，甚至亿万分之一，能代表我们中国语文教育的现状吗？不可能！再看看平时教师自己是怎么上课的？没有人来听课，教师会怎么样上课？十年前这么上，十年后还这么上，根本没有多少变化，这就是我们的现状。

我认为这与我们语文教学的方法很有关系。语文教学的言与意不能直来直去，不能由言到意，不能由意到言。这样就会让语文教学应了"少慢差费"这四个字。我们应该"执起两端而用其中"。

这个"中"就是象，言到象，象到意，也就是说，意需要象，象需要言。有了象出现，教学效果就不一样，尤其是中小学作文。尽管我们的学生的形象思维处于发达的阶段，尽管我们的学生正处于想象力丰富的时候，但看看我们的作文又有多少想象，有多少生动的形象和细节？因为孩子们的想象，孩子们的右脑被我们的理性的思维塞住了。比如说《慈母情深》中一个片断：

> 师：背直起来了，你看到了怎么样的背？
> 生：极其瘦弱的背！

拜托，极其瘦弱是看不到的。

> 师：转过身来了，你看到了怎么样的脸？

生：极其疲惫的脸！

拜托，极其疲惫是看不出来的。

有个孩子说看到了母亲眼中充满血丝，这才是疲惫时候的细节，这才是可以看出来的，这才是真正的象。有一圈圈的血丝，这才是象，而"瘦弱、疲惫"是看不出来的。我们的孩子不会看。如何让孩子会"看"呢？诗意语文的实践是，在教学中"举象"！

我举一个例子："我们走过去，看见他两只手捧着脚，脚上没穿鞋，地上淌了一摊血。他听见脚步声，抬起头来，饱经风霜的脸上现出难以忍受的痛苦。"这是《我的伯父鲁迅先生》中的一段话。文章是鲁迅先生的侄女周晔写的。一共写了四件事情，第一件事写读《水浒》，囫囵吞枣、张冠李戴，第二件事讲碰壁，第三件事是救助车夫，第四件事写帮助女佣。四件事合在一起，讲伯父就是这样的人，为自己想得少，为别人想得多。这一段在第三件事中，文章写得很形象。

教这段话要抓住哪个词语呢？"饱经风霜"。"饱经风霜"是看不出来的。可是为什么还要抓这个词语？理由很简单，第一，这个成语刚刚出现，孩子们不熟悉，解释一下，否则这个词语容易引起误解；第二，这个词能深刻地反映出车夫的身份，进而来体会鲁迅先生对处于社会最底层老百姓的同情。抓住了这个词就能体会文章的思想感情。可是方法不同，效果不同。

（教师一的做法，做得扎实。只是由言到意，简简单单，但是效果不尽如人意。）

师："饱经风霜"是什么意思？

生：就是吃饱了风、吃饱了霜。

师：你吃过吗？（把老师气得！）动动脑子再想一想！

生：就是吃过很多苦头。

师：没错。这位同学就知道是吃苦头。

师：谁能讲得更准确些？

生：（将词语手册上的解释读了出来）就是形容一个人经历了很多的艰辛和磨难。

师：你怎么知道的？

生：我看了词语手册。

师：你真会学习。学习就得像他这样啊。

师：风霜是什么意思？

生：就是艰辛和磨难的意思。

师：对！要好好地记住这个意思，可不能见风是风、见霜是霜啊！

这个环节上得又简单又扎实。解释重点词语的意思，还会用上工具书。可是，不能提倡这样上课。这不是简简单单教语文，扎扎实实学语文，这是假象。学生对"饱经风霜"不出几天就会忘了，记性好点的一个学期过后就还给老师了。（全场笑成一片）一个人，学习得越多，就记住得越多；记住得越多，就知道得越多；知道得越多，就忘记得越多；忘记得越多，就记住得越少。那么，我们为什么还要学习呢？爱因斯坦说过，教育就是把学校的东西都忘记了剩下的那些。

学了十多年的语文，我现在自己想一想，还有多少课义留在脑海里，有多少好词好句留在我的脑海里？几乎没有。然而，没有人怀疑王崧舟语文不行。什么叫素质，这就叫素质。

我全国各地讲学，人家听不出我是哪里人，这说明我的普通话还可以，你说呢？我非常感谢我的小学老师，当时，我们全班47个同学，普通话讲得都很好，什么原因？因为我们非常荣幸地遇到了一位非常好的小学语文老师，她毕业于浙江幼儿师范学校。嗨，那普通话真好！她教我们四年，从一年级一直教到四年级，我们全班同学普通话都讲得非常棒，还稍稍带那么一点京片子的味道。这是什么？这就是熏陶。语文不是学出来的，语文在很大程度上是熏陶出来的。唯有熏染，才能进入学生的记忆深处，进入学生的灵魂深处，成为其生命中的一个要素。

我们再看另一位老师怎么上"饱经风霜"这个词。

第一步，请孩子们闭上眼睛，回忆一下生活中有没有看到过饱经风霜的人，如果有，请举手示意。结果没想到，全班三分之二的人都举手。我们坐在后面听课心里犯嘀咕，这个社会饱经风霜的人还真不少。

第二步，谁能用自己的话来说一说车夫的这张脸？很厉害吧，有难度，但是前面有了铺垫，有了生活体验的调取，尽管难，但是有相当一部分学生举手了。孩子们站起来说：老师，我看到他颧骨高高地突出，眼眶深深地陷进去，满脸的皱纹。老师说，没错，这是一张的饱经风霜的脸。第二个孩子说道：老师，我看到的是这样的一张脸，他的脸灰不溜秋的，头发像一堆乱稻草，他的嘴唇有一道一道干裂的口子。第三个孩子说：老师，我看到的是这样一张脸，他的脸色蜡黄蜡黄的，身上也是皮包骨头，其实只有三十来岁，但看上去好像已经有六七十岁一样。

第三步，老师说，你们会看车夫的脸吗？会看脸的人有两只眼睛，第一只眼睛看到这张脸，第二只眼睛看到这张脸的背后，你还能从车夫的这张饱经风霜的脸的背后看到什么？有学生说，老师，我看出来了，我知道他的家里很穷，估计吃了上顿没下顿。有学生说，老师我也看出了，车夫干活不要命，没白天没黑夜地拉黄包车。还有学生说，老师，我也看出来了，我看出了这车夫身体有病，是硬撑着拉黄包车的。老师说，是的，就是这样的大冷天，他赤着脚，在拉黄包车，现在玻璃碎片把他的脚板刺破了，他躺在地上痛苦呻吟，他想起来都起不来。假如你就在现场……有学生马上说，老师，那我把所有的钱都掏出来给他。另一个学生说，老师，我马上打电话把我爸爸叫来。我爸爸是外科医生。学生还说，我一定会自个儿拉黄包车把他送到人民医院去。老师说，看得出你们都有一颗善良的心，那让我们一起去看鲁迅先生是怎样对待这个黄包车车夫的。

诗意语文

8

你看，这是一个非常精致的教学片段，我们都看到了什么呢？看到非常明显的教学现象，就是举象。它是把这个抽象到不能再抽象的语言文字，一次又一次放大，一次又一次做细，看到这四个字背后的种种不曾言说，但是形象和内涵却非常丰富的东西。

我不敢说，举象的课就是诗意语文的课，但我敢说，诗意语文的课一定充满着举象。举起的是一个个生动的、活泼的、具体的象；所有的象都来自学生的生活体验；由于这样的象是跟学生的生活体验结合在一起的，学生很容易将文本的语言文字转化为自己的语言文字，积累为自己的东西，这才是活学活用的语言。而活学活用的语言才是真正的有用的东西。说不定哪天新的情境出来，比如看到街上一个蹒跚独行的老太太，看她的神情会浮现"饱经风霜"这个词语。这样学语文，是我们应该追求的。这是我讲的第一个诗意语文的课堂现象——举象。

造　　境

所谓造境，即在举象的基础上，进一步将语言文字还原成特定的情境、意境、心境。

诗意语文充满举象，光这样够吗？显然不够，因为一个一个的象是平面的，是单调的。所以，在举象的基础上应建立语文课堂的情境、意境、心境。什么是情境？所谓情境就是景象的连续体，就是很多象的叠加，形成一种场，形成一种氛围，形成一种透明的空间。人置身其中，感受到的是一种象的叠加，产生共鸣共振之后的那种情绪。

马致远的《天净沙·秋思》非常恰当地体现了这一点。这首小令用了11个象，枯藤、老树、昏鸦、小桥、流水、人家，古道、西风、瘦马，夕阳西下、断肠人在天涯。11个象，用一抹色彩统一起来，那就是夕阳西下。就形成一种境。什么境？伤感、惆怅、孤独，寂寥。夕阳西下是什么时候？这是回家的时候，但是很多人回不了家。因为他们还在征途、旅途、考途之上，或许为功名，或者为经商，或者为征战等等。于是，诗人心中的情化为类似《天净沙·秋思》这样的词，这就是造境。所以读诗、读词、读小令，你要想方设法地让自己进入情境，积累情感。

再比如何其芳先生写的《一夜的工作》。何其芳先生是个诗人，你绝对想不出来这样一位激情澎湃、情思瑰丽的诗人，竟然写了这么一篇读起来一点味道都没有的文章。但是，仔细一读，你才会发现，其实他绝对是玩文字的高手。他抒发自己的感情，几乎没有废话，他的情感情绪不突兀、不宣泄，慢慢去咀嚼，味道就出来了。在教学这段文字的时候，我就试图营造一种气氛，让学生进入情境中去。大家现在来看看这段文字："这是高大的宫殿式的房子，室内陈设极其简单，一个不大的写字台，两张小转椅，一盏台灯，如此而已。"

相当简单，简单到如此而已。

读这段话，我们应该有一种语言的敏感，我会特别关注其中的一句："这是高大的宫殿式的房子。"你看，这是什么房子？这是高大的宫殿式的房子，"宫殿式"三个字能丢吗？"宫殿式"三个字太重要了，绝对不能丢。这是何其芳有意写出来的，它要传递一种信息，他没有明说，他是含蓄地告诉你，这所房子有来历，这所房子不简单，让你想开去。

我让学生想：孩子们，看到"宫殿"这个词，你会作何种联想？这所房子以前的主人可能会是谁呢？你猜猜看。孩子说：老师，会不会是慈禧太后的房子？我说不是，主人比慈禧还尊贵。老师，那是不是皇帝住的房子？我说也不是，比皇帝还要大。学生都张大了嘴巴，啊?!比皇帝还大，不会吧？那时候皇帝是最大的，怎么还有比皇帝还大的？不错，这所房子的主人是清朝最后一个皇帝宣统皇帝的摄政王载沣。什么叫摄政王你知道吗？摄政王就是管皇帝的那个人，你说厉害不厉害？厉害。了得不了得？了得。你想一想，一个摄政王的官邸，里面可能会有什么？这就是举象。学生说，那肯定灯火通明；那可能会有各种各样的名人字画；那一定堆满了金银珠宝……没错。你想得到的它那里有，你想不到的，它那里也有。

然后，话锋一转，这是高大的宫殿式的房子，过去是摄政王的官邸，你联想开去，联想到富丽堂皇，应有尽有，然而，当这所房子成为我们中华人民共和国第一任总理办公的地方，室内陈设极其简单。一个不大的写字台，一个写字台就够了，再加一个"不大"；两张转椅就行了，加个"小"；一盏台灯，如此而已。有红木家具吗？没有。只有什么？"一个不大的写字台，两张小转椅，一盏台灯，如此而已。"有奇珍异宝吗？没有。只有什么？"一个不大的写字台，两张小转椅，一盏台灯，如此而已。"有珍珠玛瑙吗？没有。有名人字画有吗？没有。只有什么？"一个不大的写字台，两张小转椅，一盏台灯，如此而已。"你说，总理办公的地方陈设简单不简单？简单。怎样的简单？谁能找一个词？十分简单。不够。怎样的简单？极其简单，简单到无以复加的程度。然而在这极其简单的背后，却可以看到一种极其不简单的东西——总理的人格，总理的精神品质。这就是"极其简单"和"极其不简单"的矛盾。

这种刻画已经到了出神入化的地步，已经到化境。然而这化境，你要让学生有自己的感受，有自己的体会，有自己的嚼头。这就是什么？这就是造境。

入　情

所谓入情，就是置身于语言文字所造的境中，体验其承载的情感、情味和情怀。

一切景语皆情语。这些不同的文字的背后一定承载着诗人的思想情感。在我看来，一切境语也皆为情语，所以，造境要入情——这个情可能是情绪，那是一种情感状态，来就来了，像台风，像大潮；也可能是一种情感，它是淡淡的，但是一直维持着，比如说一种忧愁的伤感；也可能是情操、情怀。

我觉得语文教育的灵魂就在于"情"字。有人曾经为语文、数学打过许多比方，说过许多俏皮话。有人说，数学轻轻松松一条线，语文模模糊糊一大片，这在某种程度上说出了两门学科的不同。又有人说，数学是思维的体操，而语文是情感的舞蹈。刘勰在《文心雕龙》里说"夫缀文者情动而辞发"，情动了，郁积在一起，不得不发，不吐不快；"观文者披文以入情"，靠什么入情？披文才能入情。实际上，"披文入情"这四个字，就很好地诠释了工具性和人文性的统一，所以，语文课，怎一个情字了得？

我们举个例子，《我的战友邱少云》，这篇文章写得感人至深，作者是邱少云生前所在班的副班长李元兴。那年邱少云 21 岁，李元兴 23 岁，都是大好年华。然而，为了战争的需要，民族的需要，国家利益的需要，他们出征了，并为此献出了青春，甚至宝贵的生命。实际上，李元兴是唯一一位真正看到邱少云被烈火烧身最后壮烈牺牲的战士，其他人离邱少云都很远。他一个人看得那么真切，一个活人，一个亲如手足的战友，就在他面前，就这样消失了……那刺激太大了！他回来以后，不吐不快，如果不把它写出来，他觉得难受，他觉得对不起战友，对不起自己的灵魂！我觉得，写得最感人的，就是文章的这个自然段（幻灯出示）：

> 我的心绷得紧紧的。这怎么忍受得了呢？我担心这个年轻的战士会突然跳起来，或者突然叫起来。我不敢朝他那儿看，不忍眼巴巴地看着我的战友活活烧死。但是我忍不住不看，我盼望出现什么奇迹，火突然间熄灭了。我的心像刀绞一般，泪水迷糊了我的眼睛。

当烈火整个把邱少云包住的时候，他没法写出邱少云是怎样痛苦，因为子非鱼，焉知鱼之"苦"啊！这火是烧在邱少云的身上，那么作者写什么呢？他就写自己的感受，通过写自己的感受来反衬当时邱少云所处的那个危险的场景。就是这么一段感人至深的文字，落在两个语文老师的手中，却产生了截然不同的效果。第一个老师，我们来听一听：

师：同学们，请大家自由朗读这段话，一边读一边找，看看你读懂了哪些心情，请你在读懂的地方画上波浪线。读完以后全班交流。

生1：老师，我读懂了紧张的心情。

师：啊，好！不要着急，我把"紧张"写下来。（师写）从哪儿读懂的？

生：心绷得紧紧的就是紧张。

师：啊，没错！那么就请你紧张地读一读。

生2：老师，我读出了担忧的心情。

师：哦，担忧！好！我把它写下来。你从哪儿读懂的啊？

生2：我担心这个年轻的战士会突然跳起来，或者突然叫起来。我觉得这就是担忧啊！

师：啊，没错，这就是担忧。请你担忧地读一读。

生3：我读出了痛苦的心情。

师：（写"痛苦"）从哪儿读出来的？

生3：他说，我的心像刀绞一般。我虽然没被刀绞过心，但是想一想，刀绞心肯定是很痛的！

师：那就请你痛苦地读一读。

（三个孩子发言完毕，没人举手啦，这老师就有点着急。）

师：好啦？没人举手啦？不会吧？你们再看看黑板，看看，你们发现什么了没有啊？

（学生看黑板，没有发现啥。老师就更着急了，让学生一个个看黑板，并用力敲了几下黑板。）

师：还没发现？

（学生更奇怪了，老师敲黑板干吗？老师等不住了，就说了。）

师：我这里还空了一个，不是还缺一种心情嘛！

（学生不知道，他没这种体验。）

师：我告诉你们，漏了一种心情了，还有一种心情。在这儿："我不敢朝那儿看，不忍眼巴巴地看着我的战友活活烧死。但是我忍不住不看，我盼望出现什么奇迹，火突然间熄灭了。"这叫什么心情？

生：哦，老师，我知道！这叫眼巴巴的心情。

师：废话。心情怎么可以用眼巴巴来形容呢？坐下，再想想看！"我不敢朝他哪儿看，不忍眼巴巴地看着我的战友被活活烧死，"这是什么心情？想想！

生：老师，这叫不忍的心情。

师：哎呀，不对，前面不忍，后面忍住啦，不忍，忍住，这叫什么心情？告诉你们，这叫矛盾的心情！

（好，这个词语写出以后，老师就长吸一口气。把课文拿开，为什么啊？课文没用啦！）

师：现在我们看黑板。"我"是怎么写心情变化的？先是——紧张！然后呢——担忧！接着呢——矛盾！最后呢——痛苦！你看，由紧张到担忧，由担忧到矛盾，由矛盾到痛苦，这个过程写得怎么样？（很清楚）这叫什么啊？这叫有条不紊！同学们，以后你们写或者读心情变化的过程，要向作者学习，要写得清清楚楚，要把过程写得有条不紊，记住了吗？

生：记住啦！

什么叫感情？

感情是风，感情是雨，感情是一锅粥，感情是一团麻，感情是"剪不断理还乱"，感情是"才下眉头却上心头"，感情是"问君能有几多愁，恰似一江春水向东流"啊！一个人的感情怎么经得起你这样的折腾！当你拿起一把手术刀，一刀下去，说这叫紧张；一刀下去，说这叫担忧；一刀，这叫矛盾；一刀，这叫痛苦！这是感情吗？这不是感情，这是感情的符号，这是风干后毫无生命、毫无灵魂的感情的"木乃伊"！

我不反对分析，我也不反对语文知识、写作知识、阅读知识的渗

诗意语文

14

透，但是，你得有个前提！这个前提是什么？让学生充分地体验，让学生的生命情感之门打开以后，感受语文的精彩和魅力。在这个基础上，你再跟他们谈方法，谈技巧，那样的知识，那样的技巧才具有灵魂，具有力量。要不然，语文学习永远是干瘪的，永远是枯燥乏味的。难怪有那么多的孩子讨厌语文。所以，语文老师首先应该引导学生去感受语言文字所承载着的思想和感情。

前不久，我看中央电视台《百家讲坛》播刘心武的《揭秘 <红楼梦 >》。刘心武讲《红楼梦》挨了很多骂，说那是无稽之谈，说那是沉渣泛起，说那是故弄玄虚、哗众取宠……我不这样看，我觉得刘心武的研究有价值！

他用原型分析的方法，用文本细读的姿态，读出了很多人眼中没有的《红楼梦》。他独创了《红楼梦》当中的一个分支——"秦学"，专门研究秦可卿，很有意思，很有价值。刘心武为我们揭开一个谜底：第一，他告诉我们，《红楼梦》是写完了的。我们都认为《红楼梦》没有写完，曹雪芹只完成了前八十回，后四十回是高鹗给续上去的。第二，他告诉我们，写完的《红楼梦》不是一百二十回，而是一百回，它是学《水浒》的，《水浒》就也只有一百回。第三，他告诉我们《红楼梦》的最后一回写什么内容。照刘心武的考证和研究，最后一回是公布了一个"情榜"。一部《红楼梦》，主旨是谈情的。《红楼梦》里重点刻画的是 108 位女性，和《水浒》正好相反。曹雪芹自己说，"脂粉队里也不无英雄"，他要为这样的脂粉英雄著书立传。所以，他把人物分成十二个人一组，有"金陵十二钗"一组，"金陵十二副钗"一组，"金陵十二又副钗"一组，一共 9 组，每组 12 个人，一共 108 个。另外再加一个男性，大家都知道，护花使者——贾宝玉。

曹雪芹还给每一个人都起了一个绰号，《水浒》里面的好汉也有绰号的，宋江——及时雨，吴用——智多星，公孙胜——入云龙……，每个绰号反应一个人物的性格特点。而《红楼梦》里的 108 个女子，包括贾宝玉共 109 个人，每个人也都有一个绰号。根据刘心武自己的研究，事先曹雪芹都已经写好了并整理出来，就是这109人的"情榜"。

　　其中，我觉得有几个绰号蛮有意思的，大家可以猜一猜。有一个人物的绰号叫"冷情"（板书），你猜猜她是谁？妙玉？大家的第一反应都是妙玉，这说明你还没读懂妙玉。

　　这个人究竟是谁呢？是薛宝钗！第一，她吃一种药，大家都知道叫"冷香丸"，带一个"冷"字，暗示人物的性格；第二，她住蘅芜院，蘅芜院布置成什么样？素得不得了，所以刘姥姥进大观园的时候，喝醉了，她首先冲进的是薛宝钗的蘅芜院，进去了，她马上又出来，为什么啊？冷，太素了，冷得有点怕。所以，薛宝钗这个人物的性格给人一种感觉——冷。美国有一个汉学家研究《红楼梦》，他研究的角度非常特别，用弗洛伊德的精神分析学来研究《红楼梦》中的人物，结果他分析出，薛宝钗可能患有"性冷淡"。

　　所以，我觉得语文老师千万别学薛宝钗，如果你在课堂上面，面对孩子，面对语文的时候，你也抱着"冷情"两个字，完了！赶紧改行去教数学。告诉你，数学老师也不答应，数学老师说："谁说我们没感情啊？我们感情也很丰富的啊，数学要上升到文化、上升到美也需要感情的。"那到哪里去？体育？体育老师也不答应啊："谁说我们体育老师没感情啊？体育老师那种技术，那种拼搏奋进的精神最需要感情了。"那教什么？教劳技。劳技老师也不答应："谁说我们劳技老师没有感情？劳技老师也有感情啊，要培养孩子热爱劳动的感情，要培养孩子探索劳动，探索科技创作的感情。"

　　所以说，做老师不能没有感情，除非你不想做老师。

　　所以，千万别学薛宝钗，可以学学谁呢？可以学学这个人。（板书：情情）（窃窃私语：情情，后一个念轻声）后面一个"情"不能念轻声。情情，这实际上是一个动宾结构的短语，后面这个情是名词，指有情众生，前面那个"情"是动词，施之于感情，就是把自己的那种爱，把自己的那种关切投注到有情众生当中去。这"情情"是谁？贾宝玉？贾宝玉境界还要高。是林黛玉！其实林黛玉是个典型的"热水

诗意语文

16

瓶"型性格，外冷内热啊！林黛玉性格很单纯，很率真，绝对是性情中人。甚至她看到落花，都会去把它们给埋了，而且还去找一个特别干净的地方掩埋。她的感情是非常细腻的。这样的一个人，有一种博爱的情怀，所以说语文老师应该学一学。而且我觉得《红楼梦》里面有一个特级教师，你知道是谁吗？林黛玉！你去看看《红楼梦》第四十八回，看看林黛玉是怎么教香菱写诗的你就会知道。哎呀，那是高手啊！林黛玉教香菱写诗的过程中隐含很多先进的语文教学理念，比如说先学后导，比如说熟读经典，比如说取法乎上……所以说，要评特级教师，《红楼梦》里非她莫属。

还有一个人（板书：情不情），一样，这也是个动宾结构的短语。"不情"是名词，不情包含了上面这个情，有情的，无情的，芸芸众生，万事万物，他都爱，都投以感情，这个人非贾宝玉莫属。这种爱是博爱，是泛爱，是一种宇宙间存在着的最高境界的爱。所以，老师可以学学贾宝玉，贾宝玉学不了，至少学学林黛玉。

其实，文字本身是没有感情的，它是僵死的符号。所以，有人说：文字是个罪恶的漏斗。开始对这个话我还听不太懂，文字是罪恶的漏斗？后来我发现，文字可不就是漏斗嘛，他把语言中最主要的东西——声气啊，节奏啊，情感啊……筛选掉了，统统放走了，剩下的是平躺在纸面上的一个个死了的符号。所以你要还原它，你要赋予它新的生命和活力，你要投射自己的感情。也就是说，语文老师感情一定要丰富。

会　意

所谓会意，就是在特定的情境中感悟并体会文字所包含的意义、意蕴和意趣。

感情太丰富也要出问题，老是沉浸在担心、紧张、矛盾、痛苦当中，时间长了，非得精神病不可。所以要让学生进得去，还要让他们出得来，让他们出来静静地思考，要让他们会意，用心地去会意，会语言文字的意味、意蕴和意趣。如果说入情是一种热处理，那么会意就是一种冷处理。一张一弛，文武之道，其实，一张一弛也是教学之道，也是育人之道，也是做人之道。中国人的智慧总是充满辩证法，一阴一阳之为道，孤阴不生，独阳不长。会意，会的这个意，指什么呢？不是指这个意思，如果我们的语文教学只停留在"意思"的状态，我觉得是最没有意思的。

先举个简单的例子，前段日子，我国召开一次重大的国际性会议，叫中非合作论坛。黄土地上，共谋合作，共取发展，场面极其壮观。毫无疑问，中非合作有着非常重大的战略意义，因此，大家都在关注。在论坛上，胡锦涛主席会怎么称呼与会来宾？

有人认为可能会说：各位来参加中非论坛的元首。也有人曾经作过设想，胡主席可能会称他们为"同志"。还有人又说了，那就叫"朋友"嘛，有朋自远方来不亦乐乎，这总该好吧。可是还有人说不恰当，为什么？布什我们可以称呼为"朋友"，普京来了也可以叫"朋友"，社会主义国家来的可以叫"朋友"，其他国家来的也可以称为"朋友"，真要是这么叫，就体现不出我们和非洲国家特殊的感情，一种传统的友谊。

诗意语文

18

那么胡主席最后究竟会怎么称呼他们呢？中外记者都在现场猜哪，胡主席总算讲了，听一听第一句话，第一个称呼，您猜猜看？胡主席话语刚落，下面一片喝彩：主席多厉害呀，这四个字用得真好——"各位同事"。好在哪儿？你要去会那意。大家想一想，与会者都是国家元首，干的都是相同的岗位，很恰当。另外，很多时候中国人讲话就是要把背后的那种感情送出去。好在哪？一定有不言之言，一定有不说之说。所以我们常常说啊，这叫——话中有话、言外有言，这是中国人讲话的艺术。"各位同事"，你体会一下它的意思，真好，怎么好？第一，传递出一种平等的理念，体会出中非合作的主旨——平等。第二，同事好呀，大家做同样的事情，要讲究互相合作，体现出了中非合作的第二个主旨——合作。我们是同事，有福同享，有难同当，体现出了中非合作的第三个主旨——发展，这叫政治智慧。你不去会意，就认为不就是

"同事"两个字吗？有什么特别的？你一咀嚼一琢磨，就感觉到其中的意趣了。所以说，我们教学生学语文，就应该养成这样的习惯，要会意。

读书意味长，就要细细读。

我是很早的时候就读《三国演义》的。《草船借箭》这个故事就选自《三国演义》第四十六回，我发现课文内容跟小说基本一样，什么诸葛亮说，周瑜说，一开始觉得乏味，没意思。仔细读后，却发现文字背后有一种味道。这个故事写"诸葛亮说"出现了 11 次，"周瑜说"6次，"鲁肃说"3 次，我们来听听他怎么写诸葛亮说的。一开始，周瑜把诸葛亮请来说："我们就要跟曹军交战。水上交战，用什么兵器最好？"诸葛亮说："用弓箭最好。"这是第一次。然后周瑜说："对，先生跟我想的一样。现在军中缺箭，想请先生负责赶造十万支。这是公事，希望先生不要推却。"诸葛亮说："都督委托，当然照办。"这是第二次。诸葛亮说："既然就要交战，十天造好，必然误了大事。"诸葛亮说："只要三天。"诸葛亮说："我怎么敢跟都督开玩笑？我愿意立下军令状，三天造不好，甘受惩罚。"前面十次都是"诸葛亮说"，最后一次，诸葛亮是"笑着说"，给人惊喜万分的感觉。这就是语言的魅力。那个"笑着"，读着读着，文字味道就出来了。语文需要想象，需要夸张，你才能真正会到其中的意。

老师可以问学生，你知道他在笑什么？

一个学生说：那是诸葛亮在笑鲁肃。因为鲁肃看到这场面、这阵势，就吃惊了、害怕了。诸葛亮心说，子敬啊子敬，你也太笨了点。你瞧瞧，到现在你还没有明白我草船借箭的意图。哎！我就宽慰你两句吧。这是对朋友的笑，宽慰的笑。一个学生说，他是在笑曹操，笑曹操不敢派兵出来，这是讽刺的笑。一个学生说，他还在笑周瑜。大家知道，周瑜让诸葛亮造箭是假，借机谋诸葛亮性命是真。诸葛亮笑着说：咱们来个将计就计，看谁最后是胜利者，看谁笑到最后，你不是要我造箭吗？你不是给我十天时间吗？太多了，我只要三天，现在三天到了，十万支箭借到了，我亲手送到你手上，气死你。周瑜周公谨，你要跟我斗，恐怕还嫩点。这是什么笑，这是蔑视的笑，看不起周瑜的人格。最后一个同学站起来，老师，我觉得诸葛亮可以笑曹操，可以笑鲁肃，可以笑周瑜，但诸葛亮最应该笑的是他自己，他得意呀，高兴呀，你想，三天前他就算出长江之上有大雾，果然，三天后大雾漫天，江上连面对面都看不清，诸葛亮借箭靠的就是这么大的雾啊，曹操果然下令放箭，而且箭如雨林，诸葛亮能不高兴吗？诸葛亮把箭交到周瑜的手上，看你周瑜到时候怎么说。可见，诸葛亮太高兴了，是自豪的笑。这一个笑，当然不仅仅是笑，它的描写是与人物的性格、故事的发展紧紧联系在一起的。透过这么一个"笑"，我们看到了诸葛亮的智慧，看到了曹操的生性多疑，周瑜的卑鄙，也看出了鲁肃的忠厚，所有这些都与"笑"字存有千丝万缕的联系。所以，这样的文字你要去嚼它，去品它，就像用文火熬汤，慢慢熬，慢慢熬，这个味儿才出得来。

我觉得像一些重要的词、句、段落，就需要这样去咀嚼，这样去体验，这样去会意，会意之后，你才会真正读出文字的魅力和神韵。

求 气

所谓求气，即在特定的情境中，探求语言文字的声气、节奏和神韵。

这是简化的"气"，气在没有简化之前有两种写法（写），你们看，气里面是什么？（米），就是说我们吃了五谷杂粮后会放屁，这就是气。还有一个字写成这样（写），无字下面四点底，所谓气，就是无火。气在哪里呢？气在丹田。我们引申过来，实际上气是一种生命的能量。我们对文本，对语言文字，就要"求气"。有些孩子不懂，在朗读的时候扯拉嗓子，用力地喊。其实，真正会朗读的，用的不是蛮力，而是绵力。文字和文字之间，句子与句子之间，有种关系存在，叫作字里行间。这种关系能够形成语言的节奏，语言的张力，这就是能量，这就是气。

我们来举一个例子，《小音乐家扬科》是波兰作家显克微支的作

品。相信大家对作者不是很熟悉，他是位非常了不起的文学家，曾经获得诺贝尔文学奖，他在波兰文学界的地位，相当于鲁迅先生在中国的文学地位。我个人感觉中译文也非常好，既保持原作的文化风貌，又体现了汉语言特有的节奏。比如这段文字：扬科躺在长凳上，屋子前边有一棵樱桃树，燕子正在树上唱歌。姑娘们……扬科听村子里的演奏，这是最后一次了。读着这段文字，你脑子里冒出的是怎样的画面呢？不瞒各位说，我冒出的是这样的画面：林黛玉焚稿断情，贾宝玉洞房花烛。同样是一悲一喜而且喜的笔墨特别多，形成鲜明对比。燕子在唱歌，姑娘在唱歌，笛子在唱歌，唯有这扬科却快要死了。这叫作以喜衬悲，悲上加悲。他写"扬科躺在长凳上"，可怜吧，一个那么活泼的孩子，一个灵魂那么干净的孩子，一个活活被打死的孩子，在死的时候，竟然只能躺在长凳上，而没有躺在床上。后面几句写得更好了，"扬科听村子里的演奏，这是最后一次了"。我刚刚讲过语文意识，在这个地方就特别需要语文意识。按照平常的情况，不是这样写的，而是这样写的：扬科是最后一次听村子里的演奏了。"最后一次"是形容、限制"听"的，这是典型的欧式句法。从语用学的角度，叫殿后强调，想突出"最后一次"，为什么？想突出伤感，突出不平，突出对扬科的同情，也突出对这个社会的控诉。

　　然而，教师该怎么教？你可以很简单：同学们知道作者为什么这么写吗？我告诉你们，这叫殿后强调。什么叫殿后强调？就是放在后面，强调"最后一次"。我们一起来读一次。好吗？就过去了。语文不能这样教，不能这样理性分析。这对学生来说是无效的，或者说短期有效。

　　我们可以怎么做呢？让孩子们读整段文字，全班形成情感基调，大家注意听，我用的是绵力，朗读跟唱歌一样，注重气息的控制，然后老师引读，学生只读"这是最后一次了"这一句。教师第一遍引读：扬科躺在长凳上，燕子正在唱歌。在他临死之前，他多么想听听燕子美妙的声音呀，可这是最后一次了。第二次引读：扬科躺在长凳上，听姑娘们唱歌的声音，这是最后一次了。在他即将离开这个世界的时候，他是多么想再听听这清纯的歌声呀，可这是最后一次了。第三遍：扬科躺在长凳上，听笛子演奏，这是最后一次了。在他咽下最后一口气前，他是多么想再听听村子里的演奏声呀，可是，这是最后一次了。然后全班一起读：是呀，扬科躺在长凳上，燕子为他送行，姑娘们的歌声为他送行，笛子演奏的声音为他送行。就这样，他听村子里的演奏，这是最后一次了。够吗？还需要说吗？它在强调什么？废话。它为什么要强调这个，更是废话。就在这一唱三叹中，文字的那个声气，流淌其中。

如果说世界上有一种语言是最具有音乐性、音乐美的，非汉语莫属。我们的母语，是世界上最具有音乐的节奏、最美的语言。所以，我们的语文老师，你有责任让我们的学生好好读书，会感性的、复沓式的、一唱三叹的朗读。

寻　根

所谓寻根，就是在特定的情境中，开掘语言文字背后的价值取向、精神母题和文化传承。

语文到底是什么？争论有很多。叶圣陶先生说语文就是语言和文字：写出来的是文，说出来的是话。语就是话，文就是文。合在一起——语文。有人认为不够，语言文字应上升为语言文章，上升到语言和文学。实际上，王尚文先生主张把语文一分为二，一门叫汉语，一门叫文学，他写了一本书《走进语文教学之门》，基本上就是这样主张的。也有人说，语言文字、语言文章、语言文学，那还只是在"器"的层面上。"文以载道"，语文若是道的话，语言文字、语言文章又上升到语言文化，语文既是语言又是文化。实际上，你站在某一个角度，某一个细节上去看是如此，换一个角度去看可能就有另一番滋味，这叫"横看成岭侧成峰，远近高低各不同。不识庐山真面目，只缘身在此山中。"我觉得，语文一定有文化基础，这是不用争的。为什么？第一，语言文字本身是一种文化现象。这是人类的创造，主要是一种精神创造。第二，人类的文化最主要的是靠谁来传承？靠语文。语言本身是存在的，这个世界是个什么

诗意语文

22

世界？这个世界本身就是一个语言的世界，是符号的世界。语言能走多远，世界就有多远；语言有多大，世界就有多大。语文离开语言，世界是无法想象的。所以说，语言是人的精神家园，这个世界是语言的世界。语文老师有文化意识比没有文化意识要强得多，如果语文老师有文化意识，就会把语文上得更深刻，更厚重，上得更富有感染力。

举个例子：《江雪》——"千山鸟飞绝，万径人踪灭。孤舟蓑笠翁，独钓寒江雪。"柳宗元这首诗是被誉为唐人"五绝之冠"的诗，写得最好的！全唐诗中五绝的诗，写得最好的就是这一首——诗中有画，画中有诗。就是这样一首被后人誉为"五绝之冠"的诗，落在两位语文老师的手里，产生的结果却截然不同。

第一位老师是这般教的：第一步疏通诗句；第二步，进入诗境；第三步，熟读成诵。到第三步时，这位老师突然想起：新课程的一个重要理念就是要倡导学习方式的转变，怎么转变？向"自主、合作、探究的学习方式"转变。我们的专家批评我们的课堂教学是没有问题进课堂，没有问题出课堂，所以最大的问题就是没有问题。于是这位老师在教到第三步的时候，让学生质疑问难："我们能把整首诗给读懂了，背下来了。现在，你们有没有不懂的问题？"一开始学生没有反应，为什么？以前上语文课从来没有质疑问难，今天是"大姑娘坐轿——头一回！"。老师一鼓励，一启发："一个真正动脑筋的学生一定是个会提问的学生，那么反过来，会提问的学生就是积极动脑子的学生！我们来看看，哪些同学特别聪明，特别爱动脑子。"

老师的话终于起作用了，一个愣头青站起来："老师，我有个问题。""有问题赶紧提！""老师，天那么冷，雪那么大，这老头干吗还去钓鱼？""好！这个问题不错！就像他这样提！"再一个傻小子站起来："老师，我有个问题，我觉得这首诗是假的。"那孩子的话音刚落，老师的脸"唰"地一下就白了："你说什么？这首诗是假的？啊？不会吧！我怎么没觉得这首诗是假的啊？你说来听听，这首诗假在哪儿？"这傻小子说："老师，你想啊，天那么冷，雪那么大，河面都结冰了，那老头还怎么钓鱼啊？所以我说是假的。"老师一听，心里"咯噔"一下：糟了，捅马蜂窝了！前面那个问题我倒是有备而来。你不提我还想提，你一提，正中下怀！后面那个问题，那叫什么问题？这首诗是假的？我自己也弄不明白这个问题，老师马上着急了："这首诗确实有点问题。我看这样，你对哪个问题感兴趣就来研究哪一个，好吧？可以研究问题一，也可以研究问题二。你愿意独立思考就一个人思考，你喜欢两个人、三个人集体学习都行。"同学们开始议论了，这个老师就开始紧张啊！担忧啊！矛盾啊！痛苦啊！——这个问题怎么办呢？总不能说这首诗是假的吧？不说是假的，那又该怎么办呢？他一直在考虑，考虑来，考虑去也没个结果，眼看就要下课了！得，豁出去了！先讨论再说，说不定能找到一根救命稻草呢。"停！谁研究第一个问题？""唰"举手一片！"老师，我认为老头家里很穷。""老师，我认为他是个钓鱼迷。""我知道他心情不好。""心情不好，你怎么知道的？""昨天我外公跟外婆吵了一架，心情不好，就出去钓鱼了。""好，这个问题咱们就讨论到这儿。接着来研究第二个问题。"

现在这个老师心里是十五个吊桶打水——七上八下。"谁研究了第二个问题？"没人举手！老师一看，没戏！不行，我得再来一次："研究第二个问题的绝对是天才！我知道第二个问题很难，谁研究了？""唰"，一只举起手来。"说！""老师，这首诗不是假的。""是吗？""你想，河面上结冰有什么关系？老头随身带一把小铲子，在冰上凿一个窟窿，不照样可以钓鱼吗？"这下把老师给乐得，心说："对啊！我怎么就没想到这一招呢？"老师最后总结道："善于提问是好的，但不能乱提，这首诗哪能是假的？"

课后，那个老师觉得还可以，没想到一下来，被那个教研员给骂得！诗的美感哪儿去了？诗的意境哪儿去了？诗的神韵儿哪儿去了？全被你这两个问题砸得粉碎！

是不是学生的问题惹的祸呢？我们来听听第二位老师的教学。

也是这个片断，也是这个环节，也是这个问题。学生提问的时候，老师作思考状。然后轻轻地向学生发问："同学们，你们觉得那位老人真的是在钓鱼吗？"一问激起千层浪，诗言志，老人不是在钓鱼，这是一种宣言，不是在瞎闹！他不是在钓鱼——逆向思考，对孩子的思维绝对是一种撞击！老师顺手发下了资料，什么资料？几句话介绍柳宗元的生平。

看完那段资料以后，小手一只一只举起来。第一只小手举起来："老师，我明白，他在锻炼自己的意志！"第二只小手举起来："我觉得他是在欣赏美丽的北国风光。'千山鸟飞绝，万径人踪灭'，好一派冰清玉洁的北国风光！老人陶醉在这美景中了。"第三个孩子更厉害："我发现这个老人非常孤独。您看，这几句诗的开头一个字连起来是'千万孤独！'"是啊，柳宗元的第一个知音找到了。柳宗元能不孤独吗？太孤独了啊！政治上的失意、苦闷与彷徨，所有的一切都郁积在他心中，不吐不快，于是吐而成诗！第四个孩子很有创意："他不是在钓鱼，他是在钓春天。你想，冬天到了春天还会远吗？"好！柳宗元的第二个知音找到了。如果这首诗有诗眼，那就是这个"独钓寒江雪"的"钓"字。钓的是什么？钓的是智慧！钓的是文化！

在中国的文化史上，有三个著名的渔翁：

第一个著名的渔翁是姜子牙，他的鱼钩是直的，他哪里是在钓鱼啊，他在钓谁？钓周武王。所以有一句话叫"姜太公钓鱼——愿者上钩"。你看，一钓钓出了周武王，钓出了周朝的800多年的基业。厉害吧？厉害！这叫智慧。

第二个渔翁是东汉时候的严子陵——此人很厉害，学富五车，才高八斗。刘秀恢复汉室天下之前，他跟刘秀非常好，好到什么程度？好到睡一张床，好到严子陵的腿竟然可以搁到刘秀的肚皮上。刘秀的肚皮谁能搁？那是天子的肚皮啊。你看，好到这种程度。好了，汉室天下一恢复，刘秀坐稳了江山之后，他走人了，到哪儿去了？隐居了，就隐居在浙江的富春江边。因为他知道，这个时候他该去钓鱼了，该退隐了。中国的皇帝历来只可与其共患难，不可与其同享福啊！这就叫功成而身退。智慧啊！

第三个著名的渔翁，谁？柳宗元。柳宗元诗里面写过很多次渔翁，其中有两句"烟销日出不见人，欸乃一声山水绿。回看天际下中流，岩上无心云相逐。"实际上他在表达一种情怀，一种志趣，这种情怀和志趣是中国古代有良心有良知的士大夫的一种情怀——穷则独善其身，达则兼济天下！"穷则独善其身"，这个"穷"指仕途不畅，仕途不畅时就洁身自好，修养个人品德。"达则兼济天下"，得志时就"为天地立心、为生民立命，为往圣继绝学，为万世开太平。""先天下之忧而忧，后天下之乐而乐"，这是什么境界？这也是一种钓的境界，这也是一种钓的情怀！这后面流淌的是中华民族屹立于世界之林五千年而不灭不倒的文化之所在！我们需要的是这样的文化，我们的孩子只有在这样的文化熏陶下，才能成为堂堂正正的中国人。

诗意语文是什么？我说诗意语文可以概括为这样几句话：

它追求思想的力量，但对于仅仅以某种抽象的思辨抵达思想，它说——不！

它充满感情，但对于只把它理解为直白地宣泄某种情绪和社会意识，它说——不！

它以具象为旨趣，但假如具象只意味着对现象的简单还原，它说——不！

它总是在情境中，但对游离于语言文字的种种渲染和演绎，它说——不！

它复活言语的内在之气，但声音的表现倘若只被加以机械的操练和刻板的模塑，它说——不！

它是文化的，但对文化所作的任何形式的宏大叙事和过度诠释，它还说一个字——不！

老师们，你会发现：原来，自己的语文是如此美丽！自己的课堂是如此美丽！自己的职业是如此美丽！自己的人生是如此美丽！这是我们共同追求的境界——

语文充满劳绩，但我们依然诗意地栖居在大地之上。

剑气合一，在语文家园安身立命

时间　2005 年 11 月 20 日
地点　浙江省教育学院
活动　浙江省教科骨干教师培训班
整理　季　林

各位，上午好！卢真金教授是我敬佩的教育学专家，他所研究的教师专业成长模型，对我、对大家都有相当切实的启发。他安排我来给大家谈谈教师专业成长的个案，我想一定有他的深思熟虑、良苦用心。在卢教授的教师专业成长理论中，我不幸成了他研究的一个标本，（笑声）当然还是个活着的标本。（笑声）今天他特地安排这么个机会，就是为了让大家好好地参观参观我这个标本。（笑声）各位，既来之，则安之，你不看白不看，当然，看了也是白看。（笑声）好！废话少说，言归正传，下面就开始我的专业成长叙事。

从安身到立命

我是 1984 年参加工作的，那年刚满 18 岁，到今年，教龄都已经 22 年了。回想一下，在专业成长方面，我究竟走的是什么路？如果用卢真金教授关于教师成长的那个模型来解读的话，我想我没有单独走"剑宗"，也不是"气宗"，我走的大概是"亦剑亦气，剑气合一"的路子。

《中庸》开头三句话：第一句，天命之谓性；第二句，率性之谓道；第三句，修道之谓教。我回头看，当老师，特别是当语文老师，绝对是我的天命，我认命。孔子说自己五十而知天命，我是四十而知天命，比他老人家还早十年呐！（笑声、掌声）这是个人成长的历史逻辑，或者说这是一种理性的宿命，你想抗争也抗争不了。教语文对我的诱惑力太大，一开始，我跟语文谈恋爱，后来是语文跟我谈恋爱，现在咱俩紧紧地缠在一起，想离也离不了。（笑声）《红楼梦》里不是这样说嘛，莫失莫忘，仙寿恒昌；不离不弃，芳龄永继。我跟语文，大概也就这样了。（笑声）

每个人的成长，都是一个过程。浑然不觉的时候，它是连续的；但当你突然警觉的时候，它又是断开的、当下的。你不能说哪个阶段不重要，也不能说哪个阶段最重要，因为在我看来，生命就像是一条河。这话，好像冰心老人说过，作家梁晓声先生也说过，我估计还有不少人也说过。那么，这条生命之河，它上游的一切都会逻辑而内在地流到中游，而上游、中游的一切又都会逻辑而内在地流到下游。所以我说，截取你生命当中的任何一瓢水，都会是你生命的全息镜像。一沙一世界，一花一天堂嘛。

但是生命本身是有节律的，所谓花开花谢，潮起潮落，就是一种自然的节律，生命也是这样。因为有节律，所以人对生命的感知有两种状态，第一是渐进的状态，第二是突变的状态。

所谓渐进的状态，那是一种不需要有意识去对待和调整自己的生命状态，不需要你充分升起意识和警觉来，这是很自然的过程。渐进的状态是平稳的，平淡的，平常的，所以常常被我们熟视无睹，我们并不感到我们在变化，但是事实上在变化，诸行无常嘛。有个著名的心理学实验，大家可能听说过的，就是科学家把青蛙放在水里煮，慢慢煮，等到青蛙感觉热得受不了，想跳出来，但是已经来不及，因为身体已经不听使唤，等待它的只有死路一条。换一种方法，把青蛙放在烧开的水里，青蛙就"嘣"地一下跳了出来，尽管烫得不轻，但毕竟捡了一条命回来。前面一个就是渐进状态，渐进状态中的人最容易麻木，最容易无明，最容易在生命场当中不出场。而后面的突变状态，因为突如其来，突飞猛进，所以常常让人产生刻骨铭心的感觉。

就专业成长而言，突变状态往往是非常关键的，按照命理的说法，这常常意味着转运。鲁迅先生说过：运交华盖欲何求，未敢翻身已碰头。华盖运来了，还求什么呢？华盖运对很多人来说往往是一个独孤求败的霉运。（笑声）但鲁迅先生后面又说，横眉冷对千夫指，俯首甘为孺子牛。这两句大家就很熟了，是不是？实际上这四句是同一首诗里面的。华盖运来了，我知道不好，但我横眉冷对，我俯首甘为，我还有我的选择。所以，运好运坏，最后还是要看你自己怎么转。所谓命由心造、运由境生，说的就是这个道理。

回忆自己从教的20来年，粗粗地分一下，大概可以分成四个阶段，基本上是每五年一个阶段。第一个五年，算是"崭露头角"的五年。你想，19岁就成了绍兴市教坛新秀，20岁就成了上虞市实验小学的教导主任，23岁就成了上虞市百官小学的副校长。少年得志、平步青云，看起来一切都很顺，是吧？为什么呢？为什么会这么顺呢？依我看，最主要的因素就是机遇。实际上，我的这种情况不是个例，全省都这样。

全省普通师范学校毕业的头三届，84届，85届，86届，这批人现在都非常厉害。那么，是不是以后毕业的就不行呢？不是这样。说实话，我们只是抢占了先机而已，这是机遇。谁叫你不早生三年呢？（笑声）你想想，那个时候，我们前面的多数是民办教师甚至是代课教师，"文革"十年，耽误了几代人，却也给了我们这几届毕业生非常好的机遇。那时候考进中等师范的，以后都是读重点大学的料，这可不是吹的！师范三年，我又非常荣幸，诸暨师范几乎把当时最好、最优秀的老师都安排教我们这几届，我们就这样被这些好老师熏了三年、蒸了三年。你想想，近朱者赤，近墨者黑嘛，在那样的环境下，你不黑也得黑呀。（笑声）我们毕业的时候，各界都在抢这批人。拿我来说，一没背景，二没靠山，居然被分到了县城的师范附小。想想那时候的教育局长，真是廉洁啊！（笑声）当然，现在的教育局长绝大多数也还是廉洁的。（笑声）这是机遇。1985年全省第一次评教坛新秀，被我赶上了，第二年我到实验小学做教导主任。有人不服：王崧舟是谁呀？他有什么背景呀？有什么能耐呀？我心说，我就是没有背景、没有能耐，我就是机会好，看你咋的？（笑声）实际上，我是硬被拉着去做那个教导主任的，所以，机会来了，想推都推不掉，哪怕你摔个跟斗，馅饼该是你的还是你的。（笑声）当然，实话实说，这跟自己的水平、能耐多少还是有些关系的，但是如果没有机遇，那肯定白搭，怀才不遇的人有的是。长风破浪会有时，直挂云帆济沧海。你以为那是李白的真话呀？不对的，那是李白的气话！赌气的话！（笑声）李白多有才呀，可那又怎么样呢？最后还不是一头栽到海里，死了！（笑声）

到了第二个五年，情况就不同了。那是我"孤独沉潜"的五年。这个阶段是我专业成长中最低迷最孤独的时候，现在想想，生命的成长是有节律的，有高潮必然有低潮，所以，你对生命成长中出现的种种挫折、失落、沮丧甚至痛苦，完全可以看得淡一些。

从1990年到1995年，我翻开自己的档案，发现自己除了埋头教书，埋头研究，埋头帮助别的老师，自己没有任何获奖没有任何公开课没有任何荣誉，抛头露面的机会都给了别人，自己一直处在徘徊彷徨的阶段。而且有那么一两年，因为家庭经济的原因，我甚至动过弃教从政、弃教经商的念头。什么原因？一个字，穷！房子买不起，老婆也娶不起。（笑声）但是后来作罢，机缘不到。

当然，这五年我也在成长、也在发展，一种常态的、顺其自然的发展。我有时候在想，名师是无法培养的，名师也不是靠培养才出得来的。这时期，对我的发展起主导因素的是什么？我想是志趣。事实上，这五年我读了大量的书，没有干扰，没有诱惑，只要自己感兴趣的书都读。当时读书的动机也非常单纯，不是为了考试，也不是为了文凭，只是为了读书。有人说，伏天读书如饮甘露，冬日读书如偎暖炉；花前读书俨然仙翁，月下读书如温旧梦；雾重重时读书开人茅塞，雨敲窗时读书驱人寂寥；春风得意时读书平心静气，坎坷失意时读书淬砺心志；多姿多彩的日子读书以助雅兴，平淡无奇的日子读书以添风骚。那时读书，我真有这种感觉。

我读什么书？读宗教类的书，读哲学类的书，读文学类的书，读美学类的书，读"老三论新三论"的书。现在的年轻教师不一定知道"老三论新三论"，可在那个时候，"老三论新三论"是最最时髦的理论书籍。"老三论"就是系统论、控制论、信息论，"新三论"就是耗散结构论、协同论、突变论。我还读人物传记类的书，读红学方面的书，甚至读中国古代术数类的书，什么周易占卜呀、三命通会呀、邵子神数呀、奇门遁甲呀，什么书我都读，只要有感觉、只要有兴趣。有人说，读诗如饮酒，读散文如品茶，读小说如享佳肴，读历史如聆听沧桑老人漫话如烟往事，读哲学如对视一双深邃的眼睛，目光如炬，烛照灵魂。（掌声）

这五年我还听了大量的课，各种各样的课，每年累计不少于200节，可以说绝大多数的课我都做到有记录有反思，这是职务所逼。因为我是教导主任，你去听课不能没有交流啊，我现在有个习惯，就是一边听一边写反思，听完了马上就和授课教师交流意见，这一半是被逼的，一半也是我喜欢思考的缘故。听课之后，我不喜欢跟风，人家说好，我不一定说好，人家说坏，我也不一定说坏。我很尊重自己内心的感受和想法，无论多么稚嫩多么肤浅，我都记下来。于是，我开始对当时的课堂进行微格研究，没有人逼，纯粹是自己喜欢。研究导入，研究点拨，研究表达，研究训练，研究结课，而且这些研究结果当时都发表在《浙江教育》上。所以你想啊，五年的沉潜，肚子里装了上百本书、上千堂课，慢慢发酵，慢慢酝酿，慢慢融入到生命中的每一根血管，每一个细胞。表面的确很平静，没有一次抛头露面，没有谁来关注，但是在平静的底下，生命的能量却不断在贯注不断在膨胀。现在回想起来，如果没有这五年的沉潜，那么就不可能有后面的一鸣惊人。

接踵而来的就是"一鸣惊人"阶段。就在这个阶段，我以我的名义第一次举办了"王崧舟语文教学艺术展示周"活动，搞了整整一个星期，面向全市老师开放。这个阶段，我成了全省最年轻的小学语文特级教师，还上了《中国教育报》。我的《万里长城》一炮走红，声名远播，当时就有桂林、广州的老师来邀请我去讲课，平生第一次体会到了什么叫欣喜若狂、受宠若惊啊！（笑声）这个阶段，既有机遇的因素，更有才情的因素。我这个人生性孤独，我到现在也没有真正意义上的朋友，我讲的是在灵魂层面上的朋友。鲁迅先生当年是运交华盖，孤独了好一阵子。我是命带华盖，懂命理的人都知道，这恐怕得孤独一辈子了。（笑声）但我喜欢孤独，我喜欢独立，我喜欢和别人不一样，所以上《万里长城》时，我前前后后改了不下12次，大家可以看看《小学语文教师》给我出的一个专题，记录了这个改动。我总是自己和自己较劲儿，喜欢自己和自己过不去，自己的才情就这样汩汩地冒着，我的语文教学就这样不断地超越着，从《万里长城》到《威尼斯的小艇》，从《鸬鹚》到《我的战友邱少云》，从《荷花》到《草船借箭》，从《小珊迪》到《只有一个地球》，就这样不断出新、出奇、出彩。

第四阶段，可以叫作"开创流派"阶段。这个阶段，我跑遍了全国二十多个省区、一百多个城市，开过500多堂观摩课，120多场讲座，在实践中逐渐形成了"精致、和谐、大气、开放"的杭派语文教学风格，并在我国小语界扯起了"诗意语文"这面大旗。去年，我们刚刚举办了"全国第一届诗意语文教学观摩会"。

这个阶段，机遇已经不再起任何作用，因为机遇太多，我现在都害怕机遇光顾我。（笑声）这个阶段的成长，我想主导因素就是两个字——使命，天使的使，天命的命。我对语文教育曾经发过这样的感言：在流转不息的生命之轮中，我为语文而来！是语文滋润我粗糙的感觉，是语文放飞我稚嫩的幻想，是语文点燃我喷涌的激情，是语文唤醒我沉醉的智慧。我平庸的生命，因为语文而精彩！（掌声）这种使命，有来自外界的期待、赏识和苛求，更有来自内在的热情、抱负与感恩。把使命两个字拆成八个字，那就是：追求理想，实现自我。所以这个阶段开始，我对语文有了庄重的承诺，有了道义的担当，有了价值的坚守，更有了充满诗意的浪漫追寻。（掌声）

坐而论道与面壁参禅

这样一个成长的过程，很难说究竟是"剑宗"还是"气宗"。"剑宗"偏于技巧、偏于招式、偏于实用，而"气宗"偏于内功、偏于底蕴、偏于无为。所以，我走的应该是一条"亦剑亦气，剑气合一"的路子。当然，话又说回来，修剑宗也罢，修气宗也罢，路数还是不一样的。关键是要修真功夫，少学甚至不学那些花拳绣腿、银样镴枪头。（笑声）与其坐而论道，不如面壁参禅啊！事实上，在我们的教师队伍中，有着不少才情郁勃、悟性敏锐的青年才俊，他们不少都是天上的"文曲星"下凡啊。（笑声）可惜，一晃几年甚至十几年过去了，在他们身上，文曲星的风度和气质已经不多见了，更多的是什么呢？市侩气，铜臭气，痞子气。为什么会这样？在我看来，他们曾经有着太多的思想、太多的创意、太多的高见、太多的愿景，但是，很遗憾啊！他们却少有踏踏实实、扎扎实实、老老实实的行动！最近我重读李卓吾点评的《西游记》，突然对"行者"这个法号（那是唐僧给孙悟空起的那个法号）、对"行者"有一种敞亮的感悟。你要悟道、你要成就无上正等正觉，你就必须是一个行者。西方有一句谚语，什么人离上帝最近？记住，行动着的人！那么，我就先谈几招自己的修炼方式，是"葵花宝典"，一般不外传。（笑声）炼"剑宗"，要剑走偏锋、招招见血才行啊！（笑声）

第一招，我叫"实录还原法"。实录，课堂教学实录。我不太喜欢看杂志上豆腐干似的文章，看这样的文章纯粹浪费时间。而且，这样的文章看多了，只会越看越笨，越看越傻。（笑声）我喜欢收集课堂教学实录，特别是名师的实录，有代表性的实录。收集了干什么？把实录还原成教学设计，必须整体观照实录，抽象提炼实录，很费工夫。然后，把教学设计还原成教学理念，很累，但是非常管用。这是一种逆向修炼的过程，跟禅宗里修"白骨观想法"有点相似。然后再往回走，你走得进去，还得走得出来呀，不然就会走火入魔的。（笑声）把理念再还原成设计，把设计再还原成实录。就这样折腾来折腾去，知我者谓我心忧，不知我者谓我何所求啊！（笑声）这样一个来回还原的过程，对于修炼自己在课堂教学中"上得了天"——就是有思想，"下得了地"——就是有技术，帮助真的是很大很大。这是剑宗，我称它为独孤九剑的第一剑。（笑声）

第二招，情境填空法。什么叫情境填空法，我举个例子，我研究过于永正先生的《新型玻璃》，其中有这样一个细节：

师：课文向我们介绍了哪几种新型玻璃？谁来说一说。

生：课文一共介绍了五种新型玻璃。第一种是"夹丝网防盗玻璃"，第二种是"夹丝玻璃"，第三种是"变色玻璃"，第四种是"吸热玻璃"，第五种是"吃音玻璃"。

师：说得多清楚，多有条理！不过，能说得再简洁一些吗？请你考虑一下。（这个学生面有难色，想坐下去。）

好，到了这个地方，你就得打住了，你不能再往下看了，你要做情境填空了。假如你是于永正先生，你会怎么做？如果你遇到了这样的情境，你怎么办？带着这样的想法看那个实录和光盘，缺什么你补什么。这招很管用。我们来看于永正先生怎么做：

师：你先别坐下去，请你沉着冷静地想一想，我看你有这个能力。再好好想想，不要着急。

"我看你有这个能力"这句话很重要。什么是罗森塔尔效应？这个就是。但叫我上呢，叫我来个应急处理呢，我肯定到不了这个层次。这么一比，就比出差距来了，什么叫大师，什么是庸师。这不明摆着吗？（笑声）接着看：

生：（想了一会儿）课文一共介绍了五种新型玻璃，它们分别是："夹丝网防盗玻璃"、"夹丝玻璃"、"变色玻璃"、"吸热玻璃"、"吃音玻璃"。

好，赶紧打住，你别看了，情境填空，你什么反应？在这里定格，想想：如果是我，该有什么反应？看实录最怕无所用心、一泻千里啊！（笑声）看于永正先生：

> 师：（竖起大拇指）说得妙，妙就妙在"分别是"三个字上。有了它，你可以少说整整十五个字，下面只说名称就行了。你真了不起啊！如果刚才你坐下了，不就失去了一次显示自己的机会吗？孩子，这样的机会可不多啊。

这就是大师级的人物啊，他怎么跟孩子进行对话的，这个就是情境填空法。机智、通变与智慧就是这样炼出来的。这一招，可以帮助你积累大量经典而生动的"课像"。课像是什么？我觉得课像是教学具象和教学抽象的统一体，是教学经验和教学思想的统一体，是教学细节和教学范式的统一体。这个绝招，我一般也轻易不外传的。（笑声、掌声）你缺什么就填什么，练个三年五载，胸中装了成百上千个经典课像，你想不成功都困难。（笑声）

第三招，微格解剖法。你可以研究候课，研究导入，研究提问，研究范读，研究导读，研究讨论对话倾听训练结课拓展，研究很多微格。你要深入，你就要研究微格。比如说诗意语文吧，有人说诗意语文太玄，我怎么看呢？第一，我觉得玄没有什么不好，老子说，玄之又玄，众妙之门。玄是众妙之门啊，有什么不好？（笑声）我们有些老师的课不能抓住学生的心，不能吊起学生的胃口，我看就跟他们不会冥思、不会玄想有关系。第二，诗意语文其实并不玄，诗意语文有很多实打实的招，只是你看不出来罢了。比如，诗意语文的课的复沓，就是很管用的一招。你的复沓招术一用，你的场就出来了。比如，课的层递技术，比如课的渲染技术，课的通感技术等等。有些技术很简单，就是一层窗户纸，不捅破你不知道，一捅破，哦，原来如此。但是你千万不要把简单当臭蛋啊。（笑声）比如说课的对话技术，对话说白了就是接着说，最难的就是接话头，话头怎么接呢？这里就有大量的技术问题，接话头的角度怎么确定，里面就大有学问。我举个简单的例子，光是针对学生的朗读，你就可以选择许多个角度，比如：朗读状态、朗读方法、朗读质量、朗读内容、思维方式、情感体验、现场氛围、思想认知、文化背景、学习要求、动态变化等等。

第四招，课感积淀法。学音乐要有乐感，学美术要有美感，打球要有球感，学语文要有语感，上课要有课感。我觉得，课感应该是剑宗修炼的最高境界。什么是课感呢？就是你对教学现场的一种直觉，一种当下的把握，一种敏锐而别出心裁的驾驭。在教学过程中，对于那些突如其来的偶发事件，你能不假思索地、迅速地、果断地作出反应，而且这样反应是高效的，是巧妙的。举个例子，上《二泉映月》时，听完音乐，让孩子们谈谈感受，一个孩子说，太悲伤了。一个孩子说，太可怜了。一个孩子说，太美妙了。课感不好的老师会说：不会吧，我怎么就没有感觉到美妙呢？（笑声）弄得那个孩子下不了台。我说：你能从悲伤和可怜中听出美妙来，这是一种很高的境界啊。（掌声）这是什么？是课感。第一，化解了这种氛围上的不协调。第二，小心翼翼地保护了孩子的尊严。第三，把这样的感觉整合到了其他孩子的感觉中，丰富了乐曲的内涵。这就是课感，课的协调感。课感还有很多，比如课的节奏感，课的情味感，课的层次感，课的风趣感，课的风格感，都需要去"炼"啊。关注学生，触发课感；品味得失，领悟课感；反复实践，习得课感；积累经验，培养课感；精益求精，升华课感。降龙十八掌，（笑声）这就是剑宗，与其坐而论道，不如面壁参禅。

无墙便是门

我是怎么炼气宗的？一句话，东门南门西门北门，无墙就是门。我想，炼气宗就是炼自己的内功、炼自己精神生命的能量。根本途径还是一条，读书。在讲到自己孤独沉潜的阶段时，我已经讲了自己的读书问题，这里就不再展开了。要说具体的招数，应该还是有那么几招。

第一招，"案例鉴赏"法。对案例一定要学会鉴赏，你一定要看出案例背后的言说。要看出作者写案例的价值取向，他之所以写这个案例，无非就是两点：第一，就是他觉得这个案例本身很有价值，或者他认为这个案例是失败的，希望从失败中寻找价值。第二，他总要对案例有所提升，为什么说它有价值、这个价值是怎么体现出来的。任何案例，围绕"价值"二字，你就可以转乾坤了。

第二招就是"文本细读"法。你要徜徉在语言之途，在语言里面出生入死，要沉入词语中。一字一字，一句一句，甚至不放过任何一个标点符号来读，这是修炼气宗的很重要的法门。

第三招，"主题研究"法。围绕一个主题，千方百计、想方设法去收集各种材料，认真分析梳理，然后提出自己的看法。每一次主题的梳理研究，都会使你的能量上升，你身上的那个血量啊，就能增加。（笑声）我研究感悟，不研究不知道，一研究吓一跳。发现有的把感悟和体验混为一谈，有的把感悟和想象混为一谈，更有的把感悟和理解混为一谈，以为感悟就是理解，理解就是感悟。其实，感悟和理解本是两条道上跑的车，理解是理性的、逻辑的、线性的，感悟是感性的、直觉的、网状的，感悟和理解是水火不相容的，居然扯在一起，居然当成一回事儿。我当时写感悟，手头收集的文章和专著不下 100 万字，我花一个月的时间做这个事情，一做完，你会有一种感觉，什么感觉？会当凌绝顶，一览众山小。学佛讲见地、修正和行愿，只有这三者都下足了工夫，才能看破、才能放下、才能得大自在、大智慧。主题研究这一招，我看就是见地、修正和行愿的三位一体，一旦炼成，你当下就能桶底脱落、立地成佛了。（笑声）

修"气宗"还有其他招数吗？当然有！再支一招？可以。这可是独门秘诀哟！（笑声）"前提诘问"法。什么叫前提诘问呢？就是不断地追问事情的前因，直到自己觉得没法再问了才罢手。这有点像审犯人，坦白从宽、抗拒从严，不把问题问清楚，几天几夜都不会让你睡觉。（笑声）我和我的徒弟们说，如果一个老师，在教学生涯当中，没有问过自己以下三个问题，那么，我遗憾地告诉你，你在专业生涯中是缺席的，是不在场的。笛卡儿说过，我思故我在。从某种意义上看，这个"思"可以解读为一种前提诘问，对课程、对职业、对人生乃至对宇宙进行终极的前提诘问。拿语文课程来说，第一，语文是什么？你必须进行前提诘问，可能最终会没有答案。你心目当中语文是什么样的，你必须问，你必须思考，这是对语文的终极追问。第二，你要成为一名怎样的语文老师？智慧的。继续追问，为什么要做智慧的语文老师？智慧的语文教师才能教出智慧的学生。继续追问，智慧是教出来的吗？智慧的语文教师一定能教出智慧的学生吗？语文教师的智慧只能通过学生的智慧来体现吗？你就这么不断地问，真问出精神病来，我可不负责任的。呵呵！（笑声）第三，你认为怎样的语文课才是有价值的课？像这样的前提诘问法，你要一直问，一直问，一直把自己问傻了为止。（笑声）到这个时候，你问到了什么？你问到了语文的究竟之问，语文到底是有用的还是没用的。这是一种形而上的问，一种玄之又玄的问。这就是气宗。

剑不异气，气不异剑

剑宗、气宗，这是分而言之，方便的说法。事实上，剑宗和气宗总是纠缠在一起的。你要将两者打通，就像练气功的人要努力将任、督二脉打通一样。打通了，你就得大神通了，你就能照见色不异空、空不异色了。（笑声）这是《心经》里的话，我套用其中的话叫作剑不异气，气不异剑。

在上海浦东，在庆祝《小学语文教师》创刊200期的大会上，我做课《一夜的工作》。课在戴玉强演唱的《你是这样的人》中戛然而止。这时，哭声突然像潮水一样在整个礼堂蔓延开来。我也哭，哭得稀里哗啦。有人说，一大老爷们儿当着那么多人掉泪，像话吗？（笑声）我当时正在情绪上，哪还顾得了那些啊？（笑声）但现在回想起来，我依然欣慰于自己的感动和泪水，正如彭程所说："它让我获得一种对于自身的确证，使我知道，内心深处的某种东西并没有死去。"我不想让羞答答的玫瑰静悄悄地开，我觉得感情，真挚的感情，完全没有必要遮遮掩掩，像老太太房里的丫头。（笑声）我和学生一起穿行在流泪的文字中间，感受总理伟大的人格，感受精神生命的高贵和永恒。我们营造着一种情的场、一种感动自己也感动别人的场、一种沐浴在真实的人性光辉之中的场。我感动了，学生感动了，泪花渐欲迷人眼了。也是从这一刻开始，我走进了诗意语文、诗意课堂、诗意人生。那种感觉非常幸福又非常美妙，语文从此成为我精神生命的一种图腾。（掌声）

由此我觉得，教师的职业幸福感实在不是一个简单的职业问题，还是一个人生问题、一个生命问题。就教师的专业成长看，说真的，其实我们并不缺少专业知识、专业技能、专业修养甚至专业精神，但为什么此前我苦苦找不到职业幸福感呢？我觉得，一个重要的原因是，我缺少关于生命的学问和修养。记得国学大师牟宗三先生曾经这样说过："人们只知研究外在的对象为学问，并不认生命处亦有学问。人只知以科学言词、科学程序所得的外延真理为真理，而不知生命处的内容真理为真理。所以生命处无学问、无真理，只是盲爽发狂之冲动而已。心思愈只注意外在的对象，零零碎碎的外在材料，自家生命就愈四分五裂，盲爽发狂，而陷于漆黑一团之境。"说得多好啊！过去，我的生命是一种什么状态呢？四分五裂的状态，整个一五马分尸嘛！（笑声）都五马分尸了，能不盲爽发狂吗？（笑声）生命不能外求，职业幸福感不能外求，越外求离真实的幸福反而越远。职业幸福感只能往自己的内心深处寻求，它不能告诉、不能复制、不能灌输，它只能从自己的内心深处流淌出来。老师们，该是返观自己灵魂的时候啦！（掌声）

在全国首届中华经典诗文诵读观摩研讨会上，我做课《长相思》，又一次引起全场的热烈反响。这一课被人们誉为诗意语文的经典之作、当代小学语文古诗文教学的又一座高峰。其实，我在上课之前，连教案都还没有写好，更别说下水试教了。而为了这一课的设计，我曾经苦苦琢磨了三个月之久。我一直试图在古诗文教学有所突破，但始终找不到灵感。那个痛苦啊，就甭提了，就跟难产的女同志生不出孩子那样。

（笑声）我为这一课做了大量的案头工作，写了文本细读，研究了纳兰性德生平，查找了大量的参考资料，认真研读了朱光潜先生的《诗论》和朱自清先生的《诗论》。到后来，感觉材料很多、想法很多、创意很多，但就是苦苦梳理不出一个清晰可行的思路来。第二天，在尚未形成完整、连贯、一气呵成的思路的尴尬中，我执教《长相思》。主持人说，下面有请全国著名特级教师王崧舟为大家做课。我就硬着头皮、腆着肚子走上了舞台，你不上也得上啊！（笑声）没想到，就在课的行进过程中，思路竟然自然地、悄然地在课中流淌出来。这一次奇妙的教学体验，让我一下子体悟到很多东西。我惊喜地发现，我的课堂教学正在从必然王国走向自由王国。我突然清晰地看见，过去许多刻意的、需要用强有力的意志去驾驭的教学行为、教学策略已经内化为自己深层的、潜意识的、融入到整体生命中的自然行为了。

这个时候，我意识到，语文已经不再外在于我的生命，语文和生命、职业和生命融为了一体、打成了一片。当我们真正具备了关于生命的学问和修养之后，我们完全可以从职业过程中体认到人生的幸福和意义。荷尔德林说：人充满劳绩，但诗意地栖居在大地上。是的，我们说，一方面，教师职业充满劳绩，但另一方面也是更重要的一方面，教师职业同样充满诗意。有了生命的境界，我们完全能够诗意地栖居在语文的大地上。同样是上课，缺乏生命修养的教师，为上课而上课，教师的心只是在等待，等待学生的回答，等待结果的到来，等待结果与"标准答案"的契合。教师是活在下一刻的，是活在等待之中的，过程本身所具有的种种意义和价值全部让位于结果。老师在苦苦等待中，变得紧张、烦恼、焦躁、甚至痛苦，幸福被等待无情地遮蔽了。（议论声）而具有生命学问和生命修养的教师，他也是上课，但他同时又是在享受上课。吃饭是一回事儿，享受吃饭又是另一回事儿。在课堂上彻底放松，全然进入课堂中的每一个当下，和学生情情相融、心心相印，他会彻底打开自己的生命，让生命中的每一个细胞、每一寸肌肤去感受、去触摸、去体认课堂中的每一个当下，他会不时地产生高峰体验，他会在课堂上率性而为，和学生一起欢笑、一起流泪、一起沉思、一起震撼。于是，他就是课、课就是他，他和学生一起全然进入一种人课合一的境界。（掌声）

这种境界，就是"色不异空，空不异色"的境界，就是"亦剑亦气，剑气合一"的境界。禅宗将修行分为三个境界，第一境界是"落叶满空山，何处寻芳迹"；第二境界是"空山无人，水流花开"；第三境界是"万古长空，一朝风月"。第一境界中的"寻"，是对生命究竟的寻根；第二境界中的"无"，表明人从自然中剥离出来，与外在的"水流花开"自成一独立世界；第三境界中的"万古"与"一朝"融为一体，确证了人对有限时空的超越，进入了天人合一的境界。

这是事业的最高境界，也是人生的最高境界，我把这种境界叫作生命的觉着。一个人只有深深觉着的时候，生命才能全然敞开，才能率性自在，才能不断获得自我实现的高峰体验，才能进入内在的澄明之境，才能深深体认到生命的"在场"。语文需要不断地觉着，事业需要不断地觉着，生命需要不断地觉着。谢谢！（热烈的掌声）

『读』行天下，有境界则自成高格

时间　2007 年 8 月 16 日
地点　上海市田家炳中学
活动　中华经典诗文诵读实验学校骨干教师培训班
整理　张丽红

各位老师，上午好！最近，我老是在想这样一个问题，如果有越来越多的人，特别是有越来越多的专家、学者、教授、博导们开始骂诗意语文了，开始围剿诗意语文了，开始发动越来越多的革命群众"公审"、"清算"诗意语文，要将诗意语文批倒批臭再狠狠地踩上一脚了，（笑声）你还能扛得住吗？你还能坚持多久呢？当然，这种可能性不大，但不是没有。天有不测风云，人有旦夕祸福，是不是？

这让我想起了小泽征尔的一个故事。大家知道，小泽征尔是世界顶尖的指挥家。有一次，小泽征尔去参观中国音乐学院，当时，学院专门安排了一位二胡系的女学生为他独奏《二泉映月》。听着听着，小泽征尔突然之间就扑通一声跪在座位前了。把周围的陪同人员给吓得脸都绿了！（笑声）还以为他中风了。（笑声）结果，啥事儿没有！（笑声）陪同人员就纳闷儿，他想干什么呀？好好的位子不坐，偏要硬生生地跪在地上？！（笑声）人们赶紧要拉他起来，谁知他犟得很，你听他怎么说："这样伟大的音乐，只能跪着听！"就这样，小泽征尔跪着听完了《二泉映月》，站起来的时候，整个人已经泪流满面。读完这个故事，我爱上了小泽征尔。（笑声）为什么？因为我觉得我跟他可以成为知音。我听《二泉映月》也时常流泪，别人问为什么？我说，真的没法说，就是一种生命深处的感动，就是一种想哭的感觉。这种哭，不是歇斯底里的号啕大哭，也不是遮遮掩掩的低声抽泣，而是一种很深很深的从灵魂的底部慢慢溢上来的哭。这种哭，很自然，很舒展，会把灵魂都带出来的一种感觉。当然，你放心，死不了！（笑声）

其实，我真正要讲的还不是这个故事，这算是一个铺垫吧！我要讲的是小泽征尔参加比赛的故事。有一次，他去欧洲参加音乐指挥家大赛，过五关斩六将，终于杀进了决赛。进入决赛的是三个指挥家，小泽征尔被安排在最后。大赛比的是音乐指挥的水平，这是毫无疑问的。要指挥一个交响乐团，首先得有乐谱啊，是不是？但是，大赛规定，乐谱都是现场给的，事先根本就不知道演奏什么、指挥什么。哎！这就得看你的真功夫了！小泽征尔从评委手中拿到乐谱，稍稍做了一下准备，就开始指挥乐团演奏起来。听着听着，他发现不太对头，乐曲出现了那么一点点不和谐。

开始，小泽征尔还以为是演奏出了问题，就让乐团停下，重新再来一遍。结果呢，到这个点上，到这段旋律上，问题依旧，怎么听怎么不得劲儿。小泽征尔是什么人？顶尖的指挥大师啊！那耳功，早已炼到炉火纯青、出神入化的境界了。他知道，肯定是乐谱出了问题。于是，他向大赛组委会提出了这个问题，要求调换乐谱重新指挥。这时，现场的评委们告诉他，乐谱是请著名作曲家改编的，而且经过严格的审阅，肯定不会有问题。老师们，这是大赛啊，你设想一下现场的那个气氛，那些评委，个个牛气冲天的，谁敢惹啊？！（笑声）小泽征尔也是人，不是神，对吧？他也犹豫了，到底是乐谱的问题，是演奏的问题，还是他自己的耳朵的问题？偏偏在这个节骨眼上，大赛评委会主席、一位在国际音乐指挥界德高望重的指挥家又站起来煞有介事地告诉小泽征尔，那份乐谱是他亲自审定的，绝对没有问题，他可以用人格担保。好嘛，一招"葵花点穴手"，要封住小泽征尔的嘴巴。（笑声）

各位，面对这样一场国际顶尖的指挥大赛，面对现场几百位国际音乐界的权威人士，面对大赛主席最后使出的这一招"葵花点穴手"，你是小泽征尔，你咋办？你扛得住吗？你能坚持多久呢？我讲这个故事，

全部的意义和价值就在这一点上！小泽征尔考虑再三，再三考虑，不敢多想，又不能不想。面对全场静静的等候，他终于开口表态了："不！一定是乐谱错了！"这个态表得斩钉截铁、铿锵有力，如同钢牙咬玻璃，嘎嘣嘎嘣响。（笑声）结果是什么呢？结果是全场起立，掌声雷动！（笑声）原来，这是大赛评委们精心设计的一个圈套。看看国际顶尖的指挥家，在发现错误的时候，是相信自己对音乐的感觉和判断呢，还是违心屈从于权威舆论的导向？进入决赛的前两位，很不幸，栽了！只有小泽征尔，这位曾经跪听《二泉映月》的大师，这位维也纳新年音乐会的执棒者，以自己对音乐的那种深入骨髓的感觉，以自己在一次又一次重大的指挥事件中所慢慢沉淀的底蕴，以举世誉之而不加劝、举世非之而不加沮的淡定和信念，毫无争议地赢得了这场大赛的最终胜利！（掌声）

这个故事，带给我们的启示和影响是多方面的。一个人，就要修炼这样的底蕴和境界；一个语文老师，要不断成长、不断发展、不断超越，他的底蕴、他的境界、他的淡定和信念是最为根本的东西。夫子说，君子务本，本立则道生。当然，他老人家讲的这个本是"孝和悌"，是做人之本、仁之本。而我说，这个本，就是能让你在自己的专业里面真正立起来的东西，那个东西就是你自身的底蕴、你对专业的那份淡定和信念、你的远大的职业境界。

教的是底蕴

什么是底蕴？打个比方，有点像水库蓄水。千岛湖，是杭州一个著名的风景点，蓄水量是 180 亿立方米，比西湖大 3000 多倍，够可以了；三峡呢，那就更不得了，390 亿立方米的蓄水量，比两个千岛湖还要大。这就是底蕴，蓄水量越大，底蕴越深、越厚。

水库蓄的是水，其实蓄的还是能量，对不对？闸门一开，那水，哗，就冲下去了，干什么？发电！在我看来，人的底蕴就是人的精神能量、文化能量、高级的生命能量。没有底蕴，或者底蕴不厚实，哪怕你学会了全套的降龙十八掌，那也还是花拳绣腿，中看不中用。为什么？因为你能量不够，你发的招没有杀伤力、没有战斗力啊！

有些人课可以上得很漂亮，一片锦绣，万般风情，现场能把你唬得晕头转向、不思不想。（笑声）但是，过阵子你再这么一回味，一咀嚼，你就会发现，这种课经不起推敲，花样繁多，漏洞百出，真正留下来的东西，就像孔乙己数茴香豆，多乎哉，不多也！（笑声）他的问题，不是出在技巧本身，他的技巧可以玩得非常娴熟；他的问题也不是出在设计和构架上，他的设计和构架可以说是别出心裁，很有创意。那么，问题出在哪儿呢？依我看，还是底蕴不够，能量太小。语文课，在很大程度上教的不是知识、不是技能甚至不是课程，而是底蕴。

举个例子，曾经看一位老师上王安石的《泊船瓜洲》："京口瓜洲一水间，钟山只隔数重山。春风又绿江南岸，明月何时照我还？"这老师怎么上的呢？我把课的最精彩部分给大家描述一下。老实说，这样的上法，我们根本想不到的，确实有创意、有突破，确实独出机杼、别出心裁。

第一步，他跟学生说，老师想给大家讲一个故事。孩子们一听，上古诗课还有故事听，就特来劲儿。顺便插一句，会讲故事应该是语文老师的一个非常重要的基本功，一个会讲故事的语文老师一定能抓住孩子们的心。这老师就开讲了，他说，大家都觉得"春风又绿江南岸"这句诗写得特别棒，是不是？特别是中间的这个"绿"字，更是妙不可言，超级棒！但是，你们知不知道，这个"绿"字，王安石是怎么想到的吗？学生当然想不到，这就有了听故事的一种期待了。老师接着往下讲，一开始，王安石写的不是"绿"字，而是什么字呢？猜猜看！学生当然也猜不到，这叫卖关子，是讲故事的一个技巧。老师就将谜底公布了，王安石写的是"到"，春风又到江南岸。你们觉得这个"到"字用得好不好啊？学生就给他来个异口同声——不好！（笑声）这还用问吗？都已经是被毙了的东西，能落个"好"吗？（笑声）对！王安石也是这么想的！（笑声）废话！不这样想，哪来的"绿"呢？（笑声）

于是继续琢磨，继续推敲，继续修改。改成"过"，"春风又过江南岸"，不是太好。改成"入"，"春风又入江南岸"，不是太好。改成"满"，"春风又满江南岸"，还是不好！王安石就搁下了，不改了，因为找不到灵感了。突然有一天，王安石翻看唐人诗集的时候，看到了这样一句诗"春风何时至，已绿湖上山。"他就觉得这个"绿"字用得特别好，他想自己这首诗也可以用。于是，"春风又绿江南岸"就这样敲定了。你看，王安石是个大诗人，大诗人写诗也要反复修改。所以老师想，我们能不能也来改一改这首诗？改哪儿呢？我看就改这一句。改哪个字呢？我看就把这个"绿"字改掉。（笑声）

学生一听，老师让咱们改，那咱就改呗。全班 56 个同学，真是不改不知道，一改吓一跳。56 个孩子改出了 56 个字，没有一个犯重的，全都不一样。一个说，老师，我把这个"绿"字改成了"抱"，春风又抱江南岸。一个说，我把"绿"字改成了"拥"，春风又拥江南岸。一个说，我改成了"亲"，亲嘴的"亲"，春风又亲江南岸。（笑声）一个说，我改成了"吻"，接吻的"吻"，春风又吻江南岸。（笑声）好嘛！又是拥抱，又是亲吻，够甜蜜的了！（笑声）还不够呢，出来一个更厉害的！（笑声）老师，我把它改成了"hǒng"。"hǒng"？哪个"hǒng"？老师听不明白，底下的孩子就更不明白了。上来！写到黑板上来！那孩子就写了个"哄"，哄骗的"哄"。这孩子才写完，教室里就是一片哄堂大笑，什么呀？哄？春风又哄江南岸？这能挨得上吗？（笑声）

老师挺有教学机智，一看底下哄堂大笑，马上制止：别笑！你看，他能想出一个"哄"字来，肯定有他的道理。我们现在需要的不是笑声，需要的是你们的倾听。我们请他说一说，他为什么要把"绿"字改成"哄"。教室里马上就安静下来了，那孩子就颤颤悠悠地说开了，老师，我觉得吧，冬天是一个恶魔，江南呢，是个小孩儿。冬天这个恶魔非常可恶，又是刮风又是下雪，把江南这个小孩儿折磨得死去活来奄奄一息，眼看着快没命了。就在这个时候，江南有个姑姑叫春风，（笑声）春风姑姑来了以后，把这个恶魔赶走了。然后，拍着江南小孩儿的头，说："孩子！孩子！快醒醒，快醒醒吧！姑姑来了，姑姑把冬天这个恶魔赶走了。姑姑还给你带来了温暖，你就赶紧醒醒吧！"我觉得吧，春风是在哄江南这个小孩儿呢。（笑声）老师们，你看，这就是儿童的诗性智慧啊！

好！这是第一步，改诗。接着呢，进入第二步。老师说，同学们，刚才这个"哄"字改得很有意思。老师在想，你们肯定改了不少字，你们有谁觉得你改的字比王安石的这个"绿"字改得还要好？你们有谁敢跟王安石叫板？

一开始，没人举手，老师就进一步启发、激励，别怕！这有什么好怕的？不就是改个字儿吗？你觉得你超过了王安石，你就大胆地说。再说了，王安石也不在咱们教室，不管你怎么说，反正他老人家都不知道，是不是？（笑声）这招管用，把一个愣头青忽悠起来了。（笑声）老师，我觉得我改的字比王安石的要好。什么字？"艳"字，鲜艳的"艳"字。

孩子话音刚落，底下又是一片哄堂大笑。什么呀？什么"艳"字？拜托，我那"亲"字、我那"吻"字都没好意思跟王安石叫板，就你这"艳"字？（笑声）很多人不服啊！老师就说了，你们别不服气！刚才让你们跟王安石叫板，你们咋就一个一个跟哑巴似的不吱声了？他独自一人叫板王安石，我觉得首先是他的勇气可嘉，还有，我觉得他这个"艳"字确实显得与众不同。要不，咱们来辩一辩，真理越辩越明嘛，是不是？这一说，立马就有很多孩子摩拳擦掌，要和愣头青来个唇枪舌剑，大辩八十回合。（笑声）这愣头青，还真不含糊，来个先发制人。老师，那么多人跟我辩，我势单力薄，我得先说。（笑声）行，那你先说。老师，我得点名和他们一个一个辩。那么多人，那么多张嘴，我怎么说得过他们？行，那你叫吧！看，老师挺理解这孩子的，是不是？（笑声）愣头青叫谁呢？索性，来个一不做二不休，把班长给叫了起来。这叫擒贼先擒王嘛，对不对？（笑声）班长起来，愣头青就开始出招了："我问你三个问题，你要是回答得上来，我甘拜下风。你要是回答不上来，你就得承认，我比王安石厉害。""行！你只管问，别说三个，三十个我都不怕！"（笑声）"第一个问题，你知道桃花、梨花、迎春花什么时候开花？""这我知道，春天开呗！""对！没错！第二个问题，桃花什么颜色？""粉红色。""梨花呢？""雪白色。""迎春花呢？""好像是金黄色吧？""恭喜你，全答对了。"（笑声）"第三个问题，也是最后一个问题，请听题！（笑声）请问，桃花梨花迎春花是先开花呢还是先长叶呢？"班长傻了，老师傻了，班里同学都傻了！（笑声）什么先开花先长叶？哪有这样的鬼问题呀？（笑声）那愣头青可得意了！"知不知道？""不知道。""真不知道？""真不知道。""我告诉你们，桃花梨花迎春花，都是先开花后长叶。"长见识了吧？不瞒各位说，之前我也不知道。后来，问了问科学老师，才知道那愣头青说的不假。那愣头青见时机已到，就使出了最后一招杀手锏，"所以，你们想一想，春风来了，是先艳呢，还是先绿呢？所以，你们再想一想，是王安石厉害，还是我厉害呢？"（笑声）老师一听，心说，对呀！还真有道理呀！这愣头青，还真不愣呀！（笑声）

好，这是第二步，辩诗，马上进入第三步。老师说，既然桃花梨花迎春花都是先开花后长叶，那就说明，春风一来，大自然先是五颜六色，缤纷鲜艳，然后才是一片绿色，是吧？看来，王安石的这个"绿"字还真有些问题。要不，你们再仔细读一读这首诗，说不定诗中还有什么别的问题呢？

学生一听这首诗可能还有问题，就赶紧来个吹毛求疵、先睹为快。（笑声）没想到，这么读来读去、找来找去，还真给他们逮着问题了。（笑声）一个孩子恍然大悟地说，老师，我发现一个问题。王安石说春风又绿江南岸，不对。这个春风过来了，难道江北岸就不绿吗？我觉得，要绿大家一块儿绿，要不绿大家一块儿不绿。（大笑）所以，我建议把这一句改成"春风又绿江两岸"。（大笑）行！就照你的改。坐下。还有问题吗？又一个学生"噌"地站起来，"老师，我发现了一个更严重的问题。我觉得王安石这个人一点安全意识都没有。"（笑声）一说安全意识，所有老师的神经马上都绷紧了。学校里面，千不怕，万不怕，最怕安全出问题。"你怎么看出他没有安全意识？""你看，他说明月何时照我还？晚上行船，多危险啊！要是半路杀出一伙强盗来，叫天天不应，叫地地不灵，要多危险有多危险！""那你的意思呢？""我的意思就是，白天行船，晚上泊船。所以，这句诗得改成——白日何时照我还？"（笑声）这是第三步，疑诗。当然，课还没有上完，但最精彩的东西大概全在这里了。

你说这课上得咋样？很难说，不好说，没法说，是不是？（笑声）为什么？太有个性了，太出乎意料了，太与众不同了！依我看，还得辩证地看，一分为二地说。第一，你不得不承认，几个环节的处理，非常流畅，非常自然，近乎完美。从改诗到辩诗，从辩诗到疑诗，整个过程一气呵成，一泻千里，真好！第二，你看这个老师提出的三个问题，都是针对语文本体提出来的。改诗，改那个字，无非就是要比较一下炼字的精准与传神嘛，他要解决的还是语文本体的问题。而他用的手段呢？没有什么多媒体，没有什么花里胡哨的其他教学手段，就用语文的手段，让学生品一品，读一读，议一议，辩一辩，很干净，是不是？用最传统、最素朴的语文手段，来解决语文的问题，多好！第三，你看课堂上师生之间的那个关系，多平等，多融洽，老师不搞教学专制，不搞话语霸权，尽可能把听说读写的主动权交还给学生，教学中，还特别注意以学定教、顺学而导，很好！

一口气说了三个好，这么说，这是一堂"三好课"了？（笑声）其实不然，看课、评课、分析课，在我看来，根本问题是个价值观的问题。如果我们从价值取向的角度来分析这堂课的话，那么，我觉得麻烦就来了，问题就大了！我们需要先行提出这样三个关乎价值本身的问题：第一，《泊船瓜洲》这首诗的价值是什么？第二，《泊船瓜洲》这首诗进入课程、进入教材，它的价值又是什么？第三，课堂上，老师对《泊船瓜洲》进行这样那样的处理，到底有没有价值？有多大的价值？我以为，对价值的思考，对价值的终极追问，关乎一个语文老师的文化

底蕴。

这堂课，类似于电视连续剧《戏说乾隆》，我们不妨将其命名为"戏教《泊船瓜洲》"。问题在于，《泊船瓜洲》能不能这样"戏教"呢？这就涉及到一个语文老师对经典名篇、对文化名作的一种价值取向、一种审美意味的尊重和接纳。如果我们的孩子学了这首千古佳作，感受到的不是美的意象、美的境界、美的情怀、美的人文底蕴，而是这样一种戏言、一种调侃、一种所谓的后现代的解构和颠覆，那么，诗本身的价值、课程所要传递的价值、教学过程中沉淀下来的价值，还有多少呢？美和文化，在这里被轻易当作过了保质期的鲜牛奶，进行着违反操作规程的消毒处理和加工，成了面目全非的复原乳。（笑声）

那么，这首诗的价值、这首诗的文化，究竟体现在哪里呢？我举两个例子吧。第一个，春风又绿江南岸。我不讲"绿"，因为"绿"字的审美价值、文化价值，早已是个公开的秘密，用不着我再来啰嗦！我想说的是另一个重要的意象——春风。大家很清楚，春风和绿之间是什么关系？是因果关系。这个绿，谁带来的？春风。所以，追本溯源，我们会很自然地想到"春风"这个意象。请注意，在王安石这首诗里，"春风"既是个自然意象，这容易理解，吹面不寒杨柳风，自然现象、自然景观，对不对？但是，更重要的是，"春风"还是一个文化意象，后面还有很多很多的潜台词、很多很多的文化共感。如果你没有意识到这一点，糟糕！王安石这首诗你基本上算是白读了。

要说"春风"这个意象的文化内涵，那就必须先把这首诗的创作背景交代清楚。古人读诗，讲究知人论世，讲究把诗文放在特定的历史背景下去理解，这是中国传统解释学中一个非常重要的原则。那么，这首诗写于什么时候呢？王安石为什么要在这个时候写这首诗呢？这些问题，都是解读"春风"这个意象的文化内涵的钥匙。根据我所掌握到的比较权威的文献资料，这首诗写于宋神宗熙宁八年二月。老实说，这个时间概念，对很多人来说是没有任何概念的。但对王安石来说，就不是什么概念不概念的问题，而是他政治生涯中的又一次转机、又一次博弈的开始。

王安石变法很著名，是中国历史上三次著名变法之一，这个我想大家都清楚。但王安石变法实际上推行过两次，中间有过中断，最后被司马光废止，这个可能很多人并不清楚。不瞒各位说，我在研读《泊船瓜洲》之前，也不清楚。王安石变法始于宋神宗熙宁元年，变法的内容很多，涉及面很广，大家比较熟悉的就有《青苗法》、《募役法》、《农田水利法》等。比如说《青苗法》吧，它是这样规定的：农民种谷子、种麦子到了青黄不接的时候，还没有收成，原来的粮食吃完了，眼看着要饿肚子了，怎么办呢？以前农民是跑到大地主、大官僚那里去借高利贷，到下半年有收成以后，再用谷子或者货币去还贷。注意啊，借的是高利贷，利滚利这么滚上去，可以把你滚得家破人亡、妻离子散，很惨！而青苗法出来以后，朝廷明文规定，农民在青黄不接的时候，没有必要到大地主、大官僚那儿借高利贷，可以直接到国家的公仓借公粮，我们现在叫战略储备粮，你去租，租金跟高利贷相比就低了很多。到了收成的时候，你再以实物或货币的方式去还租。

《青苗法》好不好？好！第一，农民欢迎。本来是高利贷，现在是平价，就像廉租房一样，使农民得到了实惠。第二，朝廷高兴。原来的战略储备粮搁着也是搁着，而且又要防陈化、又要防霉变，另外还有一个保质期的问题，搁的时间久了，发霉变质就不能吃了，一点作用都发挥不了。现在呢，朝廷可以收一点租金，而且，租出去的是陈粮，收回来的是新粮，可以延长战略储备粮的时间。多好的改革，多好的变法。所以黄仁宇先生曾经发出这样的惊叹：早在九百年之前，王安石就已经懂得，可以用信用贷款的方式刺激经济的增长，王安石确实具有超人的智慧。

但是，这个变法对谁不好呢？还用问吗？自然是那些大地主、大官僚。你想想，他们本来靠放高利贷稳赚大钱，现在可好，农民都跑朝廷、衙门、公仓那儿借贷、租粮去了，眼看着白花花的银子都流入了国库，他能说你好吗？所以，变法实质上是一个利益结构的再调整。

于是，那些大地主、大官僚就去告状。带头告状的是谁呢？司马光。（笑声）就是那个小时候砸缸后来写了《资治通鉴》的司马光。（笑声）司马光在政治上是保守派，跟着他一块儿起哄的还有不少朝廷官员，苏东坡也是一个。（笑声）苏东坡被王安石贬过三次，一直贬到天涯海角——海南岛。（笑声）他们到哪里去告状？神宗皇帝那里告不进，为什么？是他让王安石变的法嘛，对不对？怎么办呢？走女人路线。一告告到了神宗皇帝的母亲高太后那儿。第一拨人去说，她不信，毕竟是他儿子让王安石干的。第二拨人去说，她半信半疑。等到第三拨人去说的时候，有一个成语叫众口铄金啊，她信了，心说：对啊，王安石要废止的那些旧法，谁定的啊？还不是祖宗定的，还不是前朝定的。这样变法，不是把祖宗、把前朝都给否了吗？再这样下去，国将不国，家将不家啊！于是逼着儿子神宗皇帝停止新法、罢黜新党。

正在这个节骨眼上，河北闹了一次大旱灾，一连十个月没下雨，农民断了粮，饿死的饿死，逃荒的逃荒。神宗皇帝正为这事儿发愁，偏偏就有个居心叵测的官员趁机画了一幅"流民图"献给神宗，说旱灾是天怒、是上天的惩罚。天为什么发怒呢？瞧！都是王安石变法惹的祸！（笑声）王安石变法，天怒人怨！变法阻力越来越大，上有太后压制，下有旧党抵制，神宗自己也有些把持不住。一气之下，王安石向神宗提出辞官，迫不得已，神宗同意了王安石的辞官请求，让他暂回江宁府，也就是现在的南京休养，这是熙宁七年的事儿。

第二年，也就是熙宁八年，神宗皇帝就坐不住了。什么原因，国库的钱又少了。皇帝是天下最大的老板，老板兜里要没钱，谁听他的？你以为皇帝金口一开人家都得听他的啊？没有用。你说封建专制，其实啊，这是以偏概全。实际上中国封建社会有着非常合理非常严密的文官体制，英国后来君主立宪改制以后，它的文官体制基本上学的还是中国的。这个文官体制可以有效地制约皇帝一个人的权力，也不是皇帝一个人说了就可以算的，没那么简单。过去我们说，有钱能使鬼推磨。对不对？现在呢，更不得了，有钱能使磨推鬼啊！（笑声）你说大老板兜里要没钱，谁听他的？谁都不会听他的，就这么简单。国力的根本还是经济、还是钱的问题。

于是，神宗又想到了王安石。得！我还得把老王请来，还得找他继续变法。就这样，神宗第二次下诏，叫王安石进京继续主持变法。王安石当然高兴啊，立马收拾行囊，打点行装，从南京出发，坐船，沿着长江，往西，然后到镇江这个地方折而向北。他走的是京杭大运河，北宋时候的京杭大运河，跟元朝时候的京杭大运河是两个概念，那是从河南的开封，即汴京，到现在的杭州。那时的运河，历史书上叫作南北大运河。长江北岸和运河交汇的地方有一个非常著名的渡口，叫瓜洲渡口。所以这首诗的题目叫《泊船瓜洲》，瓜洲就是现在的扬州。王安石是在这样的背景下写下这首诗的。

我们把这首诗的背景交代清楚以后，再回过头来看这首诗的意象——春风又绿江南岸。熙宁八年二月，正好是早春的时候，的确，春风来了，江南开始绿了。但，这只是个表面现象。诗人从来不会无缘无故地写景。王国维先生在《人间词话》中早就说过，一切景语皆情语，一切情语皆景语。这个情，不光指感情，还指情思，情操，情怀。它的意蕴是非常丰富的。

那么王安石写"春风又绿江南岸"，这句景语的背后究竟要抒发怎样一种感情呢？这才是真正的潜台词。

在中国古典诗词中，春风不仅是一个自然意象，更是一个典型的文化意象。比如，李白写过《清平调》三首，其中第一首第一句：云想衣裳花想容，春风拂槛露华浓。各位，你们知道李白的《清平调》是写给谁的吗？（听众：杨贵妃）没错！送给杨贵妃的。你别看李白后来狂放不羁，桀骜不驯的，什么"安能摧眉折腰事权贵，使我不得开心颜"，什么"钟鼓馔玉不足贵，但愿长醉不复醒"，那都是他的气话、牢骚话，因为没官做，所以到处发牢骚。（笑声）李白年轻的时候也会拍马屁，而且手段还挺高。（笑声）你看，他要么不拍，一拍就拍到杨贵妃的马屁上。（笑声）你看这句是夸谁呢？夸杨贵妃啊！夸她多美啊，云都想她的衣服，花都想她的容貌。中国古代四大美女，沉鱼落雁之容，闭月羞花之貌，这个"羞花"说的就是杨贵妃。然后第二句，说她怎么就会那么美呢？因为春风拂槛露华浓，有春风的吹拂，有春风的温暖，有春风的呵护，她才如此美丽，如此倾国，回眸一笑百媚生，六宫粉黛无颜色。所以，各位，这里的"春风"实际上指的是——（听众：皇帝）皇恩浩荡。有皇帝爱情的浇灌，杨贵妃能不美吗？这是由内而外的美啊！（笑声）

再举个例子，写《游子吟》的孟郊。孟郊可怜啊，20岁开始考科举，考了整整26年，比范进还可怜。（笑声）46岁那年，好不容易中了进士，成了，可以做官了，最起码也有个县令做，他很高兴，写过两句诗，大家耳熟能详：春风得意马蹄疾，一日看尽长安花。他为什么高兴？为什么得意？为什么马蹄疾？人逢喜事精神爽啊！人生四大喜事：久旱逢甘霖，他乡遇故知，洞房花烛夜，金榜题名时。谁给题的名？皇上啊！所以进士及第的，又往往自称天子门生，道理就在这里。这一句的"春风"，写的还是皇恩浩荡。这就是文化，一种经过历史沉淀、价值传承之后形成的文化。

我们再看王安石的诗，这个"春风"指代谁呢？（听众：皇恩浩荡）你看神宗皇帝太英明了，他知道我这个变法好啊，现在第二次起用我，让我进京主持变法，我王安石又一次看到了政治的希望。太重要了！为什么是春风又绿江南岸？他这是话中有话，话的后面都有意味都有潜台词的，他不可能信口雌黄、随便乱说的。"春风"也罢、"又绿"也罢、"江南岸"也罢，如果你能知人论世，你能用文化的视野、历史的视野进行解读，那就不可能出现上面那个课的处理方式。

第二个例子，明月何时照我还。"明月"跟"春风"一样，又是一个非常重要的文化意象。有人说，不懂明月，枉为中国人。你看，中国的传统节日中，两个跟明月有关，一个是中秋节，八月十五月儿圆；一个是元宵节，正月十五闹元宵。有人说，从某种意义上讲，西方文化是太阳文化，东方文化是明月文化。一阴一阳，合在一起，这才叫"地道"。大家知道，中国古典诗词意象中出现频率最多的是"风花雪月"，从词序上看，好像"风"排在第一，"月"排在第四。错了！有人做过统计，这四个意象当中，出现频率最高的既不是"风"，也不是"花"，而是"月"。"明月"这个意象在中国古典诗词中出现频率是最高的。而这个明月，既是自然的明月，更是文化的明月；既是天上的明月，更是人间的明月；既是历史的明月，更是当下的明月。关于明月的文化，我看写上几大部书都不一定说得清、说得尽。

比如李白的《静夜思》——床前明月光，疑是地上霜。举头望明月，低头思故乡。睹明月而思乡怀人。这种联想、这种情怀、这种民族文化，外国人很难理解，怎么看到明月就思乡，看到太阳就不想呢？（笑声）中国人不用说，大家都是心有灵犀一点通啊！对不对？比如杜甫的《月夜忆舍弟》——"露从今夜白，月是故乡明。"怎么搞的呢？河南上空的月亮跟山东上空的月亮怎么会不一样呢？不都是同一个月亮吗？为什么？这跟科学无关，这是情感逻辑，这是民族心理的积淀，这是文化现象而非自然现象。

比如杜牧。年轻的时候在扬州过着风流倜傥、纵情声色的日子，"十年一觉扬州梦，赢得青楼薄幸名。"年老了，孤独了，就开始靠回忆过日子了，就开始怀念年轻时在扬州的那段生活了，"二十四桥明月夜，玉人何处教吹箫。"你看，睹明月而怀人了，是不是？

再比如苏东坡的"明月几时有，把酒问青天，不知天上宫阙，今夕是何年？"其实，关于"明月"，苏东坡还有一首《江城子》写得更感人。妻子已经死了十年了，突然有一天做了个梦，梦中见到了妻子，醒来以后，泪流枕边。"十年生死两茫茫，不思量，自难忘。千里孤坟，无处话凄凉。"最后一句，写得更是凄婉悲凉、催人泪下："料得年年断肠处，明月夜，短松岗。"哪个时候最断肠？明月夜；哪个地方最断肠？短松岗。为什么非得明月夜非得短松岗？这就是文化现象、文化影响和浸润的结晶。让西方人来解读，他就郁闷。（笑声）

作为文化意象、文化基因的"明月"一直传承至今，似乎没有中断过。你去听听流行歌曲，跟明月有关的太多太多了。《明月千里寄相思》，《月亮代表我的心》，《月亮走我也走》，等等。你听周杰伦唱的那首《发如雪》，词是方文山写的，实在好！其中一句你听听，"邀明月，让回忆皎洁，爱在月光下完美。"你看，爱只能在月光下完美，太阳一出来就完了。（笑声）这就是文化！这就是中国人特有的精神现象、心理特征。这个文化血脉像黄河像长江一样滔滔不绝，千年流淌，一代又一代地传承着。

余秋雨先生说，什么是中国人？中国人不只是个地域概念，也不只是个国籍概念，所谓的中国人，首先是个文化概念。你的血液里流淌的《诗经》，"关关雎鸠，在河之洲，窈窕淑女，君子好逑。"流淌的老子，"道可道，非常道；名可名，非常名。"流淌的庄子，"独与天地精神相往来。"你的血液里流淌的《论语》，"学而时习之，不亦悦乎？有朋自远方来，不亦乐乎？人不知而不愠，不亦君子乎？"你的血液里流淌的气象万千、恣肆汪洋的唐诗宋词明清小说。总而言之，不管你是黑眼睛还是蓝眼睛，不管你是白皮肤还是黄皮肤，你只要浸润在这样的文化里面，你的血液里流淌的是几千年传承的博大精深的中华文化，你就是一个名副其实的中国人！你就是一个堂堂正正的中国人！你就是一个顶天立地的大写的中国人！（热烈的掌声）

从这个意义上讲，文化的传承，意味着真正的立人。儒家讲，为天地立心，为生民立命，为往圣继绝学，为万世开太平，这一切靠什么？天地之心在哪儿？在文化当中。绝学在哪儿？在文化当中。万世太平之基业在哪儿？也在文化当中。传承文化，实在是一个语文老师非常神圣又非常艰巨的使命和良知啊！

底蕴是书堆起来的

所以你说刚才那位老师，从策略的层面上，从技术的层面上，他已经练到很高的功夫了；他依然有非常好的底子成为一个非常优秀的语文老师。他现在最缺的，恰恰就是底蕴、就是学养。像季羡林先生对年轻人讲的，你们做学问，要达到三个贯通。第一个是中西贯通，第二个是古今贯通，第三个是文理贯通。你做到了这三个贯通，那你文化底蕴的基座就像金字塔的底座那样，会非常的宽厚，非常的坚实。在这样的基础上，你的金字塔才会做得高。文化底蕴怎么修？我说，很简单，又很难。说它简单，因为只有一条路。说它很难，因为这条路要坚持走下去，非常困难。这条路是什么？就是读书。我的一个基本看法是，底蕴是靠书堆起来的。书读得多，不一定底蕴就深厚；但是，不读书、少读书，是一定没有底蕴的。

我爱读书。有人问：王老师，读书是不是您的业余爱好？我说，错了！应该把"业余"二字去掉。读书是我的爱好，读书是我可以全身心投入的爱好。读书跟吃饭、呼吸一样，在我的生活当中是非常自然的。所以我读书，有三句话——

第一句话，为己读书。老夫子在《论语》里说过，有两种学问，一种叫为己的学问，一种叫为人的学问。他认为古之学者为己，今之学者为人。一开始我听不明白，后来一看人家的解读我懂了。原来老夫子认为，古时候的君子读书是为了自己，为了修炼自己的身心，为了充实自己的精神能量，为了提升、为了超越、为了让自己活得更好，所以才读书，才做学问、做研究。这一切的一切都是为了自己。人不为己，天诛地灭。所以，儒家之学，你不要把它看得很高深、很神圣，其实，儒家之学是为己之学，道不远人嘛！

所以我们读书为什么？为自己，不是为别人，为别人读书的人时刻想着，我今天读了一本书，明天我在人前炫耀一下。为了炫耀，为了显示自己有学问，或是为了外在的一些目标，如我要做一个课题，我要拿一张文凭，于是我不得不去读书。这样的读书，跟生活、跟生命是相隔离的。用王国维的话来说，处于一种"隔"的状态，是两张皮。而我认为，真正的读书完全为自己，就像吃饭。你为什么要吃饭？因为要活着呀。你为什么要呼吸？因为要活着呀！你为什么要读书呀？因为要活着呀。道理就这么简单！

第二句话：天天读书。因为你是为己读书的，因为读书要解决的是你的精神能量问题，所以你只能天天读书，就像吃饭一样。人有三个生命，生理生命，社会生命，精神生命。生理生命主要通过吃饭和呼吸来解决。社会生命主要通过交往来解决。而精神生命主要通过什么来解决呢？读书！所以你得天天读书。黄庭坚说过这样的话：士大夫一日不读书，则尘俗生其间。三日不读书，对镜则面目可憎，对人则语言乏味。三日不读书，面目是否可憎，语言是否乏味，这个难说。但我相信，一日不读书，尘俗一定生其间。你胸中装的，要么是诗书，要么就是尘俗。诗书多了，书卷气就强了；尘俗多了，市侩气就盛了。一个老师，尤其是一个语文老师，在他的举手投足之间，在他的音容笑貌之间，能不能少一点市侩气，能不能多一点书卷气，取决于你能否做到天天读书。我可以很自豪地说，这一点，我做到了。

第三句：随性读书。我读书，漫无目的。钱钟书先生的夫人杨绛先生在回忆钱钟书读书生涯的时候，有过这样一句话，她说"钟书自从摆脱了读学位的羁绊，就肆意读书"甚至"随遇而读"。那是一种多么迷人的读书境界——随性读书。

我的藏书量，我没精确地统计过，大概有六千多册吧。我也有一间书房，顶天立地的都是书，书房里，我自己拟了一副对联，上联是：明月一帘无心照。因为我书房的窗外是开阔的地带，有小河，有廊桥，流水淙淙，杨柳依依，风景这边独好。晚上能看到月亮从东边升起来。下联是：诗书半斋随意读。到书店，我拿到书，只要对这本书有感觉，我看一下目录，或看一下章节，就买下来，一定读。

我读书没有计划，很随意，很随便，比如——

流行的书，我读。于丹的《论语心得》，读！易中天的《品三国》，读！刘心武的《揭秘红楼梦》，已经出了第三部了，读！全部都读过！很多人骂于丹，说别人是化腐朽为神奇，于丹是化神奇为腐朽。（笑声）不瞒各位说，我是喜欢于丹的，我觉得于丹讲得不错。她很聪明，她讲的是"于丹论语心得"——我讲的是我自己读《论语》的心得呀！

这有什么不可以呢？解构主义的哈罗德·布鲁姆不是这样讲过吗，一切阅读皆"误读"。我就是这样理解论语的，为什么就不能把我的心得跟大家交流呢？

流行的书读，不流行的书我也读。汪荣祖的《史学九章》卖不动呀，滞销的书，我也读；钱穆的《晚学盲言》，是钱穆先生晚年，在眼睛失明的情况下，由他自己口述，他的夫人、弟子帮他整理的一本书，写得好！核心内容谈中西文化传统的异同，你想把握国学的精要，可能这是一本最好的入门书。杨成寅的《太极哲学》很难懂，说老实话，我到现在还读不懂，但我爱读，这没办法，越是读不懂就越是想读下去，一种好奇的欲望吧。

入世的书，帮助我更好地活在俗世的书，我读。比如说：台湾傅佩荣的《哲学人生》，这书写得好，它是写给大学生的，因为哲学与人生课在台湾大学是最受欢迎的一门课，他是根据他的讲课内容写下来的，讲得深入浅出。早几年卡耐基的《积极的人生》，帮助我克服了自己的焦虑，帮助我看到了自己人性上的弱点。彼得·圣吉的《第五项修炼》，早几年红遍大江南北、长城内外，什么系统思考啊、共同愿景啊、自我超越啊、心智模式啊、团队学习啊，很难读，没办法，我就是爱读。（笑声）他和南怀瑾先生学过禅，但目的不是出世，而是要更好地入世，他说坐禅进入定境之后，自己的头就能跟身体分开，连风吹过脖子底下的感觉都有，（惊叹声）这境界已经相当了得。

出世的书我也读。六祖慧能的《坛经》比较好读，读起来有味道。菩提本无树，明镜亦非台，本来无一物，何处惹尘埃。我们现在搞校本课程，我看，禅宗就是佛教在中国的"校本课程"。（笑声）南怀瑾先生的《如何修证佛法》，这本书真好，那是过来人的切身之谈啊。你要坐禅，你要修行佛法，你要求开悟、求解脱，最好的入门书就是南先生的《如何修证佛法》。索甲仁波切的《西藏生死书》，好！临终关怀，全都实实在在地写在里面了，告诉你怎么走得坦然、走得从容。（笑声）这不是开玩笑，大家知道傅彪吧？得肝癌死的。肝癌临死前是非

常痛苦的，但是他走得非常平静，一点痛苦的迹象都没有，为什么？他妻子说，两本书给了他临终关怀，其中一本就是《西藏生死书》。人生最大的两门学问，一门是出生的学问，一门是死亡的学问，这本书专讲死亡的学问。科学很少研究，宗教却很多人在研究。

人啊，到这个世界上来走一遭不容易啊，什么叫善始善终？我们不能善始，出生很痛苦，个个都是哭着降生的，你见过笑着来的吗？（笑声）走的时候能不能不再痛苦，能不能善终？要学啊。

教育类的书，我读。苏霍姆林斯基的《怎样培养真正的人》，写得真好！我推荐给我们学校的老师。我到杭州市拱宸桥小学当校长，给老师们的见面礼就是送给大家人手一本书，就是苏霍姆林斯基的《给老师的一百条建议》，我们读了一个学期。田正平先生的《中国教育经典解读》，一册在手，中国教育的经典思想、经典理论全部都明晰了。石中英写的《教育学的文化性格》，视野宏阔，学养深厚，是迄今为止我读到过的最有文化底蕴的教育类专著。

非教育类的书我也读。比如范曾的《吟赏风雅》，写得洒脱、写得雅致！范先生的书画在中国当代算是一绝，"中国银行"四个字就是他写的。王小波《我的精神家园》，一边读你就一边偷着乐吧，那种无处不在的黑色幽默，是从他心里流出来的，挡都挡不住！刘小枫的《沉重的肉身》，试图回答困扰所有当代人的一个重大问题——性伦理的问题，尽管读得艰涩、读得云里雾里的，但还是读着，因为我依然困惑。

语文课程类的书我读。王尚文先生的《语感论》，写得好！我的语文教育思想一多半受他老人家的影响。潘新和先生的《语文：表现与存在》，上下两册，洋洋一百多万字。这是我所看到的迄今为止中国当代语文课程理论方面最有建树、最有见地的一本书。搞诗意语文的，这本书必须作为必读书。王荣生先生的《语文科课程论基础》，那叫真做学问，那种理论的涵养，那个思辨的功底，真叫过硬，确确实实是科班出身。

非语文专业的书我也读。比如兰色姆的《新批评》，我建议我们的语文老师都能够学会文本细读，这"文本细读"的理论和技术就是新批评学派提出来的。搞文学理论的人都知道，韦勒克的《文学理论》在全球范围内，是一本最为经典的文学理论教材。汪曾祺先生的《人间草木》，真好！我最爱他的文字，第一是干净，没一个废字；第二是天真，一片烂漫，不藏心机；第三，就是那个长长短短、错落有致的语感，他老人家的文字，行云流水中自有一种生命的节律，功夫已经到了出神入化的地步。史铁生的《务虚笔记》，半自传体的小说，史铁生小说的核心思想深受刘小枫先生神学思想的影响，你要读懂史铁生，你就要先读懂刘小枫。

学术类的书我也读。比如朱光潜先生的《诗论》，太好了！我教《长相思》，在这堂课里面，最核心的教学思想就是受了朱光潜先生《诗论》的启示，朱光潜先生认为诗是不可解的。读诗最重要的是一个"见"字，你只有"见"到它，你才能深得诗之三昧。你可以把《红楼梦》和《诗论》对照起来读，形成一种互文式的"参读"，就能更好地体会朱光潜的观点。

《红楼梦》里有个语文特级教师，谁？（听众：黛玉）啊？你们也这样看啊！英雄所见略同啊！（笑声）黛玉比特级教师还特级！她教香菱作诗。那真叫教得好。香菱初学诗时，喜欢陆游的诗，黛玉对她说："取法乎上，仅得其中；取法乎中，仅得其次。"你一开始一定要读最经典的：老杜的诗读他一百首，青莲的诗读他一百首，摩诘的诗读他一百首，这三个人，一个是诗圣，一个是诗仙，一个是诗佛。你看黛玉教香菱的方法就是"先学后导"。果然有一天，香菱来找黛玉，汇报读书心得。她说，诗的好处就是想来你有嘴上说不出的，但闭上眼睛一想，好像这个景就在眼前似的；想来这个地方似乎没有什么道理，但你倘若要找一个别的什么字来代替，却不行。她说这就是诗的好处。比如王维的《塞上》："大漠孤烟直，长河落日圆"。想来这个烟怎么会直呢？可闭上眼睛，仿佛这景就真的在眼前，想来这个落日自然是圆的，这个"圆"字似乎用得太俗，想找个字来换，可再怎么找也找不出比"圆"

字更恰当的字。刚好这个时候贾宝玉来了，听了香菱的话，就说，既然这样，也用不着看诗了，会心处不在多，听你说了这两句，可知"三昧"你已得了。这就是朱光潜先生讲的，读诗最重要的是一个字：见。你看，林老师的教学效果多好！（笑声）

王元化先生的《文心雕龙讲疏》，这本书厉害，是极品。朱良志的《中国美学十五讲》，看得我三日不知肉味啊，好书！

国学经典类的书我也读。王阳明的《传习录》，心学的经典之作，相当于一本《论语》，是王阳明传心法给弟子们的各种言说，由弟子记录下来的。阳明的学问是致良知的学问。他认为，无善无恶，心之体。有善有恶，意之用。心念一动，就有善有恶了。知善知恶、为善去恶，这就叫致良知了。他认定每个人都有良知，这个良知让人做善事，但是有人不信他那一套。

一次，他的一个弟子碰到了一件事，挺有意思的。那事儿发生在一年夏天，天很热，弟子在家里，半夜来了一个小偷，被他家人发现后抓了起来。因为他是王阳明的弟子，所以他没有动粗，既不用家法，也不搞人身攻击，用咱的行话来说，就是既不体罚，也不变相体罚。（笑声）只跟小偷讲道理：你不对啊，怎么可以偷呢？你有手有脚有力气，得用自己的力气去干活去挣钱去养家糊口啊，你这样偷是不对的。那小偷说，我就爱偷，看你能咋的。那弟子就继续开导小偷，其实，你是被蒙蔽了，我知道你是不想偷的，你心里肯定有一种不想偷的想法。是不是？那小偷说，胡说，我就是想偷，我从没想过不偷，我偷出瘾来了，一天不偷就难受。（笑声）任那弟子怎么循循善诱、怎么诲人不倦，一句话——全是白搭！那弟子心说，我老师跟我说过，人都是有良知的，怎么这小偷一点良知都没有呢？突然，他灵机一动，说，这样吧，今天天很热，你看你都赤膊了还是汗流浃背的。要不，你把裤子也脱了？这下那小偷急了，连连摇头说不行不行！怎么能脱裤子呢？那多丢人啊！你瞧，这是什么？这就是良知。（笑声）良知从羞耻心开始，一个人只要还有那么一点点羞耻感，那就是他的良知所在。他就能变好，就能改邪归正、弃恶从善。

从此，那弟子对王阳明的致良知笃信不疑、身体力行。

再比如熊十力的《体用论》。熊先生原来是学佛的，学唯识宗的，唯识宗是玄奘法师，就是我们通常讲的唐僧创立的。汉传佛教有八宗，其中一宗学的人不多，难学，就是唯识宗，因为学唯识宗的人逻辑思维要非常强。后来熊十力不再学佛，他认为佛学并未找到生命的究竟，转而一心向儒，成就卓著，成了中国新儒学的代表人物之一。再比如牟宗三先生，他是新儒学的代表人物之一，他的《中国哲学十九讲》，那也是非常厉害的。

西方经典的书我也读，比如：尼采的《人性的，太人性的》，尼采的哲学有很多可取的地方，他的哲学是一种超人的哲学、强力的哲学。他强调人是唯一一种需要超越自身的动物。天地万物当中，只有人会不断地超越自己。不断地超越自己，就是不断地超越人性，不断地向神性皈依的过程。再比如海德格尔的《存在与时间》，说老实话，这本书我读不懂，读得我头都大了，还是读不懂，但我有种瘾，想读下去的瘾，这种瘾，可能比读得懂更过瘾。再比如说汉默顿的《思想的盛宴》，把西方两千多年来最伟大的思想家、哲学家、宗教家、科学家、文学家的代表思想都汇编在一起，值得一读。

儿童的书我也读。比如《小王子》，比如《爱的教育》，再比如塞林格的《麦田里的守望者》，里面粗话、脏话多得很，但很有味道，我一边读一边笑。

显学的书，是用于管理、用于治人的书，我读。比如说曾仕强的《管理思维》，余世维的《赢在执行》，曼狄诺的《羊皮卷》，这些书我都读。

潜学的书，就是不能在桌面上摊开来的，不能谈的一些书，我也读。《了凡四训》，有净空大和尚的讲解，比较容易看得懂。这书讲什么呢？讲命运的改造。它跟现在市面上流行的那些励志的书、成功学的书、心理治疗的书不同，尽管那些书也教你改变心态、改造命运，但都是浅层次的。《了凡四训》不一样，它讲的是深层次的，是直入究竟、直入根本的命运改造，值得好好读读。还有胡兰成的《禅是一枝花》。胡兰成是谁，各位清楚吗？他曾经是张爱玲的丈夫。虽然胡兰成和周作人一样，在日本人统治中国的时候出来做官，是个汉奸。但汉奸归汉奸，这个人的学问，这个人的文字功夫还是一流的，《禅是一枝花》，还有《今生今世》，都写得非常好。再比如邵伟华的《四柱预测学》，我也认真读过，你们知道这书是干什么的吗？算命的。（笑声）中国的数术有很多门类，什么测字呀、占卜呀、周公解梦呀、诸葛神数呀，什么六壬呀、奇门遁甲呀、麻衣神相呀、风水呀等等，精华和糟粕并存，不能简单地说都是迷信。四柱是其中的一种，就是农村里讲的"算八字"，读读有好处啊。

我始终觉得，对人的精神生活影响最为深远的莫过于读书；一个人的心灵结构在很大程度上取决于他所读的书的结构；一个人的思想境界从根本上说就是他的读书境界。这样读书，改变的不仅仅是我的生存方式和生活方式，同时也深刻地改变了我的思维方式、情感方式甚至精神存在方式。一字一世界，一书一天堂。无意证菩提，随性见慧光。（笑声、掌声）

难在修行

读书，实际上就是一种精神修行的方式。

前段时间我在读《西游记》，但是读的版本不同，不是人民文学出版社的那个版本，我读的是李卓吾评点的《西游记》，这是一个新的版本，实际上李卓吾也不是真的李卓吾，是明朝时候一个叫叶昼的人，假托李卓吾的名，因为李卓吾评点过《三国演义》，在当时很有名。叶昼就假托李卓吾的名评点了《西游记》。没想到，读了这个版本的《西游记》后，我发现以前的《西游记》都白读了，我根本就没读懂《西游记》。因为在很多人的眼中，《西游记》是一部神魔小说，一切都是假的，似乎就是看一场白日梦，看过以后，什么都没有。而按照叶昼的评点，《西游记》是一部悟道的小说。吴承恩写这部小说，是大有深意在的。我举个例子吧，大家知道，《西游记》的主角是孙悟空，各位，你们读《西游记》的时候，有没有统计过，在整部小说中，孙悟空的名号一共出现了多少个？恐怕没有谁会读得这么细、这么独特吧？

我们来捋一捋，孙悟空在小说中出现的第一个名号叫什么呢？美猴王。因为他占了花果山，进了水帘洞，大猴小猴都推他为王，美猴王是他的第一个名号。

第二个名号是孙悟空。他为了寻求长生不老之术，漂洋过海到了西牛贺洲，拜须菩提为师，须菩提是释迦牟尼的十大弟子之一。须菩提给他取了一个法号叫孙悟空，教了他两样功夫，一个是筋斗云，一个筋斗能翻十万八千里；一个就是七十二变，念个咒就能变身，一共七十二变。这两招，够他受用一辈子。回来以后狂得不得了，又是大闹龙宫，又是搅乱冥界，急得玉皇大帝要收拾他。还是太白金星出了个馊主意，将孙悟空骗上天来，封个官希望他安分一些，这个官叫作——弼马温，其实就是个养马的差使，这是孙悟空的第三个名号。结果呢，弼马温他做得不舒服，他觉得这是玉帝瞧不起人，一气之下回了家，自封为"齐天大圣"，这是第四个名号。这下把玉帝惹火了，就派了哪吒父子领兵讨伐，结果都败在悟空的金箍棒下。没办法，只得再请悟空上天，第一，承认他"齐天大圣"的封号；第二，派他看管蟠桃园。好景不长，悟空猴性难改，因为王母娘娘"蟠桃会"的事儿，闹得天翻地覆，越闹越不可收拾，最后被如来佛祖压在五行山下，一压就是五百年。五百年后，唐僧取经路过此地，揭了咒帖，救了悟空。又给他起了个法号，这个法号很重要，叫行者，所以孙悟空又叫孙行者，这是第五个名号。最后一个名号，经过九九八十一难，功德圆满，径回东土，五圣成真，孙悟空被封为斗战胜佛。你看，比观音菩萨还厉害，观音菩萨还只是菩萨果位，悟空竟然已经成佛，进入无上正等正觉的佛的果位。

数一数，一共六个名号。

各位，把这六个名号串起来，里边就大有学问。美猴王、弼马温，

说的是什么呢？心猿意马。一个人修道，真正要降服、要战胜的就是自己的"心猿意马"。悟空、行者，说的是什么呢？要想修行得正果，光悟不行；光行不悟，也不行。悟中有行、行中有悟、悟不异行、行不异悟，才是真悟真行，才能修得正果。齐天大圣、斗战胜佛，又是说的什么呢？圣为入世的最高境界，佛为出世的最高境界，无论入世还是出世，都要成就最高境界。

所以，你看，第一对名号暗示修行的起点，最后一对名号象征修行的终点，而中间的这对名号呢，则是修行的方式和路径，我们说得最多、记得最清楚的就是悟空、行者这两个名号，对不对？大道至简、大音希声，要成就自己，第一是悟，第二是行。其实，没有第一第二之分，真正的修行一定是"悟行不二"的。

东方的智慧、中国人的智慧是这样；其实，西方人同样看重修行，同样强调"行"的价值。

我听过一个关于牧师的故事，我觉得对理解修行帮助也很大。故事的大意是：有一个牧师，对上帝非常虔诚、非常信仰。有一年发大水，水势来得非常猛，一下子就冲过了田野，冲过了山庄，很多人都往高处跑。左邻右舍都跟这牧师说：牧师，你赶紧走吧，再不走就来不及了，洪水已经冲到边上来了。牧师说，要走你们走，我不走。人家就问他，你为什么不走？他说，我为什么要走啊？上帝会来救我的。我不走。你们这些人，平时张口一个上帝，闭口一个上帝，到关键时刻就不要上帝了。要走你们走，上帝一定会来救我的，阿门！（笑声）

洪水淹没了他的房子，他爬到了房顶上。这个时候，有救援的人来了，划着小船，一眼就看到他在房顶上，于是划过去，对那牧师说，赶紧上船吧，水势还会更大，再不走就来不及了，房子都要塌了。牧师说，我不走，我为什么要走啊？上帝会来救我的，阿门！（笑声）没办法，他还是不肯走，洪水越涨越高，"哗啦"一声，房屋塌了，牧师跟着掉进了水里。一个急流过来，把他卷走了。幸好，不知从哪儿漂来一根木头，你说巧不巧，正好漂到了牧师旁边。赶紧抓住木头啊！他不，他心说，我不抓，我干吗要抓？上帝会来救我的，上帝一定会来救我的，阿门！还没"阿"完呢，一口水呛入喉咙，咕咚，沉入水中，死了！（笑声）

死了之后，他的灵魂见到了上帝，他跪在上帝面前，痛哭流涕、撕心裂肺，他的痛哭，不是因为自己死了，而是因为自己如此虔诚、如此执著地信仰上帝，上帝居然在危急关头不来救他。他说，上帝啊上帝，仁慈的主啊，我对您那么信任，那么虔诚，我年年祈祷，天天祈祷，时时祈祷，可是，您为什么不来救我呢？为什么要抛弃我这样虔诚的子民呢？你猜上帝怎么说？上帝很生气！谁说我没来救你啊？我都救过你三回了。牧师就傻了，没有啊？您什么时候来救过我啊？上帝说，咴！第一回，我叫邻居来催你快走，你没走，是不是？第二回，你趴在房顶上，我派了一条船来救你，你没上，是不是？第三回，你在水里挣扎，我把一根木头推到你的面前，这是最后一次机会了，你呢，还是没抱住，是不是？你看，我都给过你三次逃命的机会了，你一次都没抓住，能怪我呢？所以，西方有一句谚语，什么人离上帝最近？行动着的人！

东西方的智慧，有时候确实可以交流。孙悟空怎么成为斗战胜佛？关键在"行"。陶行知先生为什么把自己的名字从陶知行改为陶行知，寓意行在前，知在后，强调的是"行"。牧师为什么会被淹死？错过的还是"行"。王阳明在《传习录》中说，知而不行非真知，行而不知非真行。只有知行统一、行知不二，才能有所成就、修得正果。知者先行，行者无疆啊！

所以，我们一定要将思想、理念、人生的积淀和底蕴落实在行动中。我们的"行"必须沉到哪里？沉到课堂里面去，沉到班级里面去，沉到学生中间去。

现在有不少年轻教师，非常有思想，什么东方的，什么西方的，什么经典的，什么通俗的，什么现代的，什么后现代的，很能侃，很能聊，讲起来一套一套，讲得天花乱坠，天马行空。但是，他一进入课堂，一面对学生，他就怕了，他就软了，他就蔫儿了！什么原因？他缺

思想？不缺！他缺眼界？眼界大了去了！他缺知识？他学富五车、才高八斗！他唯一缺的，是行动！是实践！是修为！什么是学习？唯有导致行为方式改变的学习，才是真正意义、现代意义上的学习。

拿我们的语文课程为例，现在争论得最为激烈的就是"工具性和人文性"的关系问题。一会儿东风压倒西风，一会儿西风又压倒东风。一线的语文老师，一会儿跟着西风拼命跑，一会儿又跟着东风拼命跑，跑到现在，一个不小心，就掉进了徐志摩的诗里："我不知道风／是在哪一个方向吹——／我是在梦中，／黯淡是梦里的光辉。"（笑声、掌声）那些腾云驾雾、兴风作浪的"专家"们，可曾在实践的大地上老老实实、切切实实地走过、行过、耕耘过？不要抽象地去谈论什么人文性、工具性，去看看那些鲜活的、生动的、充满着感性细节的课堂实践吧，你在实践中看到过纯粹的工具性吗？你在课堂里看到过纯粹的人文性吗？真正的实践、真正的课程事件、真正的教学行动，一定是混沌的、整体的、裹挟着所有工具性和人文性的细节向前流淌的。用行动去思考，在行动中思考，为了行动去思考，这样，我们才能修成语文教育的正果。

比如何其芳先生写的《一夜的工作》，作者本人首先是个诗人，你绝对想不到，这样一位激情澎湃、才思瑰丽的诗人，竟然写了这么一篇读起来"味同嚼蜡"的文章。开始读《一夜的工作》，你会感觉"没有感觉"，（笑声）因为，这语言这叙述实在是太平淡了。但是，仔细一读，你才会发现，其实他真厉害，绝对是玩文字的高手。他抒发自己的感情，几乎没有废话，很干净，很凝练。他的情感情绪不突兀、不宣泄，包含在叙述里面，款款而来，让你慢慢去咀嚼，嚼着，嚼着，味道就出来了。你看这段文字："这是高大的宫殿式的房子，室内陈设极其简单，一个不大的写字台，两张小转椅，一盏台灯，如此而已。"就这段文字，你替我拆拆看，哪里是工具性？哪里是人文性？你拆得开吗？开玩笑！工具性、人文性，都只能栖身在文字中、话语中。扎扎实实地把文字读细了、读深了、读美了、读化了，工具性、人文性自然而然就在其中了，还用争吗？

在对这段文字的教学中，我试图营造一种气氛，让学生进入情境中去。在学生进入情境之后，文字的意蕴和内涵能得到更好的解读和体悟。这里既有很强的工具性，又有很深的人文性，是两者的统一而非割裂。读这段话，我们应该有一种语言的敏感，我会特别关注其中的一个词语，"这是高大的宫殿式的房子"，你看，什么样的房子？高大的宫殿式的房子，对不对？"宫殿式"这个词语太重要了！这个词语，是打开话语意蕴之门的一把钥匙。去掉"宫殿式"三个字，句子照样通，意思照样清，这是高大的房子，是不是？显然，"宫殿式"这个词语是何其芳这个玩文字的高手有意嵌入的。它要传递一种信息，他没有明说，他是含蓄地告诉你，这所房子有来历，这所房子不简单，让你想开去。

我让学生想：孩子们，看到"宫殿"这个词，你会作何种联想？这所房子以前的主人可能会是谁呢？有的说，老师，会不会是慈禧太后的房子？（笑声）我说不是，主人比慈禧还尊贵。老师，那是不是皇帝住的房子？我说也不是，比皇帝还要大。学生都张大了嘴巴，啊，比皇帝还大，不会吧？怎么还有比皇帝大的呢？（笑声）我知道这有点为难孩子们，但这样让他们猜一猜有好处，一种铺垫、一种蓄势，对吧？

于是，我来了个谜底大揭晓。这房子的主人是清朝最后一个皇帝宣统皇帝的摄政王——载沣。什么叫摄政王你知道吗？摄政王就是管皇帝的那个人，你说厉害不厉害？厉害。了得不了得？了得。你想一想，一个摄政王的官邸，里面可能会有什么？这就是让学生逐渐进入一种现场、一种情境、一种虚拟的生活。学生的想象非常丰富，有的说，里面一定金碧辉煌；有的说，里面一定铺着大红地毯；有的说，里面一定挂满了名人字画；有的说，里面一定摆放着珍贵的红木家具；有的说，里面一定陈列着各式各样的金银珠宝、古玩器皿。这样一来，"宫殿"这个词语就不再是一个平面的符号了，它被学生的经验和想象还原成了一种丰富的、立体的、多姿多彩的生活场景、历史情境了。这样一个还原的过程，你说是工具性还是人文性呢？

然后，你话锋一转，这是高大的宫殿式的房子，过去是摄政王的官邸，它曾经如此富丽堂皇、如此豪华奢侈，但是，当这所房子成为我们中华人民共和国第一任总理的办公地点，你走进去，你看到了什么呢？一个不大的写字台，两张小转椅，一盏台灯，如此而已。你打量打量这所房子吧，有红木家具吗？没有！只有什么？一个不大的写字台，两张小转椅，一盏台灯，如此而已。有金银珠宝吗？没有！只有什么？一个不大的写字台，两张小转椅，一盏台灯，如此而已。有古玩器皿吗？没有！有名人字画有吗？没有！有水晶吊灯吗？没有！只有什么？你看清楚了，看仔细了！一个不大的写字台，写字台只有一个，而且不大；两张小转椅，转椅只有两张，而且很小；一盏台灯，如此而已。

看到这样的办公陈设，你只能想到一个词语来形容，那就是——"极其简单"！怎样的简单？极其简单。谁能给"极其"换一个词？"十分"？不够。"非常"？不够。"相当"？更不够。能换吗？不能换！怎样的简单？极其简单，简单到了无以复加的程度，简单到了不能再简单的地步。想想看，这是谁办公的地方？这是共和国总理办公的地方啊！但是，极其简单的是陈设，而在极其简单的陈设的后面，我们分明感受到了一种极其不简单的东西——总理的人格，总理的品质，总理的情怀！此时此刻，你面对这段文字，你面对这极其简单的陈设，你更面对的是一位共和国总理的灵魂和精神！来吧！把自己的感受、自己的感动化作自己最真诚、最用心的朗读吧！

你看看，这样一个过程，是工具性压倒了人文性呢，还是人文性压倒了工具性呢？事实上，在具体的教学行动中，我既没有刻意地认定这个环节、这个时候是在进行工具性的训练，那个环节、那个时候是在进行人文性的熏陶。我只是引领学生直面文字、直面话语，在文字的咀嚼、在话语的品读中，激活和调取学生尽可能生动、尽可能丰富的生活体验、阅读积淀，在将文字还原成画面、还原成场景、还原到生活的过程中，自然而然地实现了工具性的训练和人文性的熏陶，这是一个你中有我、我中有你、相互交融、共同成长的过程。

这就是行动，这就是修行。没有行动一定没有效果，这是一个极其朴素又极其深刻的真理。多数情况下，人因为惰性和惯性，往往想得多、做得少；往往说的是一套、做的是另一套，而相对于说的一套，做的一套则要大打折扣。因此，行动永远是第一位的。

我觉得，底蕴的关键在行动，读书是行，上课是行，而行动的品质则取决于细节。何谓细节？细节就是细微的关节点，从积极角度看，就是"牵一发而动全身"的那处"一发"；从消极角度看，就是"千里之堤，溃于蚁穴"的那处"蚁穴"。细节的背后是一种完美主义理想。当然，世上不可能有真正的完美，但是，我们应该有追求完美的心态，并将其作为一种职业态度、生活习惯。我们对语文教育往往有着很好的理想和追求，但在具体实施时，由于缺乏对完美的执著追求，事事以为"差不多"便可，结果，由于行动的偏差，导致许多"差不多"最后变成"差很多"甚至"差得十万八千里"。因此，上课是一个层次，上好课是一个层次，把课上得完美又是一个层次。细节决定成败，一个细节影响一个事件的完成质量和品位。在很多情况下，我们不是缺乏行动的能力，而是缺乏让行动精致化的能力。凡事要么不做，要做就要尽可能做到极致。平平庸庸也是做，精精致致也是做，那么，选择什么标准、期待什么品位，就是一个行动质量的问题了。

人生四境界

做学问有境界。

王国维先生在《人间词话》中说，古今之成大事与大学问者，无不经过三种境界：昨夜西风凋碧树，独上高楼，望尽天涯路，此第一境也；衣带渐宽终不悔，为伊消得人憔悴，此第二境也；众里寻他千百度，蓦然回首，那人却在灯火阑珊处，此第三境也。修道修行也有境界。禅宗讲修行有三重境界：第一重境界，"看山是山，看水是水。"物我不分，人我合一。但是这种物我不分，人我合一是一种朦胧的、低

级的、无意识的状态。通过修行可以进入第二重境界，"看山不是山，看水不是水。"物我分开了，我是我，物是物，我在观照物，于是山不再是山，水不再是水，这个时候，境界上去了，但是这不是终极之境，不是解脱之境，你还要继续修炼，修炼到更高一个境界，"看山还是山，看水还是水。"肯定，否定，否定之否定，但不是一个简单的回归，而是一种螺旋式的上升。什么是禅？吃饭的时候吃饭，睡觉的时候睡觉！这是一种真正的天人合一的境界，真正的物我两忘的境界。"相看两不厌，只有敬亭山。""我见青山多妩媚，料青山见我应如是。"进入这样的境界后，人生就得到了大智慧，就能够大解脱，就能够大自在。

上课也有境界。前不久，我在克拉玛依讲课，上《鱼游到了纸上》，上完两节课，又作了一个报告，弄得一身臭汗。一个老师很关心我，悄悄地问了一句，王老师，您累不累啊？我说不累。他说我看您满头大汗的，我说真的不累。为什么不累啊？境界不同嘛！（笑声）

的确，对职业、对人生是有境界的，境界不同，对职业和人生意义的体验和解释也就不同。从生理层面看，人与人之间的差异可以小到百分之一、千分之一、万分之一甚至忽略不计。但是，从精神层面看，人与人之间的差异可以大到百分之九十九、千分之九百九十九、万分之九千九百九十九甚至无法估计。精神层面的东西，在很大程度上取决于一个人的境界。

我觉得，一个人对待职业、对待自己的人生大概有着这样四重不同的境界。第一重境界，我把它叫功利境界。什么是功利境界？比如说，一月工资2500元，我一个月上50节课，我每节课挣多少钱？50块钱。我拿这些钱去养家糊口，去消费休闲，对上赡养父母，对下抚育孩子，剩下的还得老老实实地交给太太，对不对？（笑声）我通过教书、通过上课来赚钱，这是功利境界。这有没有错啊？没错，我一没去偷，二没去抢，我用自己的劳动、自己的精力赚钱，我赚得正大光明，是不是？在功利境界的人看来，教书就是我的饭碗。我好好教书，就是为了捧住这个饭碗，尽管这个饭碗不是金子也不是银子，但好歹它还能让我吃饱了穿暖了，还略略能有点结余，对不对？（笑声）但是，话又说回来，刚刚踏上三尺讲台，你对职业停留在功利境界上，这无伤大雅。但是，假如您教了一辈子的书、上了一辈子的课、带了一辈子的学生，到老了还是处于这个境界，那我只能抱歉地告诉您：老师啊！您是要了一辈子的饭啊！（笑声）

所以，你得提升自己的境界，为自己的职业人生赋予一种新的意义和解释。于是，你就进入了道德境界。什么是道德境界呢？你看，我教一个班共50多个孩子，这一节课下来，孩子们掌握了哪些知识，哪些技能？这50多个孩子背后是什么？是50多个家庭啊，他们有父母，有爷爷奶奶，他们的希望都寄托在这50多的孩子的身上。我得认真地上好每一堂课，我得认真地教好每一个孩子，我得认真地教每一节课，这就是道德境界。道德境界归结到一个词语，叫"责任"，这也是师德一再对我们提出的要求。道德境界比功利境界要高，很多优秀的老师，很多有理想的老师，就处在这样的道德境界中。他们为了教育事业、为了孩子，兢兢业业、无私奉献、恪尽职守、教书育人。但是，老师们，如果我们的一生都处在道德境界当中，您会发现，您活得太累，您不是为自己活着，您是为学生活着，为学生的家长活着，为社会活着，为领导活着，为校长活着，没意思，没劲！你得超越，你得继续提升自己的境界。人，不能总是为他人活着，对吧？（掌声）

再上去，第三重境界，科学境界。好，老师们，从这重境界开始，职业的异化被你扭转过来了。这个时候，你不是为他人活着，你是为什么活着？你是为学问活着。你今天有一个设想，你备了课，你进入课堂后要试一试，你这个思想到底灵不灵、好不好，到底有没有效果？于是，你怀着一种憧憬、一种期待、一种惊奇进入了课堂。于是，你在课堂上的精神状态就发生了变化，这就是科学的境界。你为学问而来，你纯粹是为学问在上课，你在试验你的思想，你在考量你的做法。这个时候，你会发现，职业还是很有趣味的。于是，你会突然发现，原来使人

麻木不仁的课，原来单调乏味的课，在你面前呈现出另外一种面貌，"尽日寻春不见春，春在枝头已十分"。你会体验到另一番职业的味道，"山重水复疑无路，柳暗花明又一村"。科学境界，使你在职业中重新发现了自己、发现了做学问的趣味，这是比较高的境界了。

但是还不够，还有更高的境界。我把它叫作生命境界。

什么是生命境界？老师们，只有当你进入生命境界之后，你才会真正意识到，所有的课都是在为我自己上。为什么？因为大家都很清楚，每上一节课你付出的是什么？是时间。时间是什么？时间是生命的唯一矢量。时间就是生命。就像今天，现在，此刻，我跟你们在一起，我在给你们讲课，我的根本动机是什么？当然，他们不会让我白讲；（笑声）当然，我也知道很多老师愿意听我的讲座。但是，最根本的原因是什么？我知道，在这样一段时间中，我会迎来又一次生命与生命的交流，生命与生命的沟通，生命与生命的美丽邂逅！我支付的是生命，结缘的是生命，最后收获的还是生命。在生命境界中，你会对自己的每一个当下，每一个时刻负起责任；你会深深地体认到，你的人生是怎么来的。我的人生就是由一节一节的课组成的；我的人生的意义就是由一节一节的课的意义组成的。

老师们，到这个时候，你不是在上课，而是在享受上课。上课是一种境界，享受上课是另一种境界。上课的老师，他的每一个意念都活在下一刻，所以他焦虑，担忧，期盼。

举个例子，一位老师上《秦始皇兵马俑》。上到最后，他有一个很好的设计。他对学生说：同学们，面对世界第八大奇迹——秦始皇兵马俑，你最想感谢的是谁？这个问题设计得很好。问题抛出去以后，老师就开始焦急而又耐心地等待着。第一个孩子说，老师，我最想感谢的是秦始皇。那孩子话音刚落，老师的脸"唰"的一下就白了，然后"唰"的一下又红了，最后"唰"的一下又青了。（笑声）老师心说，完了，我这堂课全完了，全白讲了，我这堂课全砸在秦始皇身上了。他咬牙切齿地对那孩子说，秦始皇？秦始皇有什么好感谢的？（笑声）再想一想，你最想感谢的是谁？

你看，他在上课，他活在下一刻，他期待着标准答案的出现。第二个孩子说，老师，我最想感谢的是写这篇文章的作者。（笑声）老师心说，这不哪壶不开提哪壶吗？作者？作者等会儿再感谢好不好？是先有作者还是先有兵马俑？（笑声）第三个孩子说，老师，我最想感谢的是第一个发现秦始皇兵马俑陶片的农民。我的妈呀！农民？那农民姓什么叫什么你知道吗？你见过他吗？你都不知道他姓什么叫什么，你都没见过他，你感谢他干什么？（笑声）再想一想，到底应该感谢谁？拜托，动动脑子好不好？你听听，老师气得、急得，都快求爷爷告奶奶的了！（笑声）终于，第四个孩子替他解了围。那孩子说，老师，我最想感谢的是古代劳动人民。是吗？再说一遍！我最想感谢的是古代劳动人民。你说的是真话吗？真话。这下把老师给乐得，一个箭步冲过去，紧紧握住那孩子的手，你真是我的知音啊！（笑声）

这就是上课，他永远焦虑，永远矛盾，永远活在下一刻。他不可能体认到课的每一个当下对他生命的价值和意义究竟在哪儿。什么是享受上课？享受上课就是彻底打开，就是全然进入，让自己的精神生命永远活在每一个当下，永远去体认每一个当下对你的意义和价值究竟是什么。

我们小语界有一个大师级的人物叫于永正，我非常钦佩他。我听他上《新型玻璃》。那课上得真好。其中有一个细节，我认为于老师的境界就已经进入了生命的境界。他一开始让学生反复读课文。他有一个观点：书不读熟不开讲。然后让学生来回答问题。他提了一个问题，很简单，但是要求比较高：这篇课文介绍了哪几种新型玻璃？要求是不看书回答。这就是考量学生课文读熟了没有。叫了一个女生起来回答。女生站起来说：这篇课文介绍了五种新型玻璃，第一种是夹丝玻璃，第二种是夹丝网防盗玻璃，第三种是吸热玻璃，第四种是隔音玻璃，第五种是变色玻璃。于老师很高兴：说得不错，很流利，很完整，挺好。当下，活在当下，体认当下。

　　注意，当下不是都很顺利的。当下也有不顺利的时候。于老师又提了个问题，他说：你刚才说得挺好，非常完整。我再给你增加一点难度，你能不能把你刚才说过的话再简单地说一说？那个女生站着想了片刻，没感觉，于是，面露难色，想坐下去。各位，问题来了，这个时候就看你的境界了。你如果活在下一刻，一下子就烦恼了。糟糕！马失前蹄，这招看来没指望了。而于老师没有这样，他很从容，很淡定地说，孩子，别忙坐下。于老师看你有这个能力。要不，再想想？那孩子一听老师这么说，就不好意思坐下去了。这个时候，台上台下都很安静。大家都在看。这就是所谓的皮格马利翁效应，这就是所谓的期待效应啊，于老师这句话能不能产生一个真正的奇迹？于老师呢，一点儿不着急，很从容地看着那个孩子。过了一会儿，奇迹出现了，那孩子清了清嗓门儿，说，这篇课文介绍了五种新型玻璃，它们分别是夹丝玻璃、夹丝网防盗玻璃、吸热玻璃、隔音玻璃和变色玻璃。于老师很高兴，情不自禁地夸赞孩子，说得好！说得妙！妙就妙在"分别是"这三个字。你看，这三个字，帮你省了整整十二个字。孩子，如果你刚才坐下去了，你就失去了一次展示自己才华的机会。这样的机会可不多啊！台上台下一片掌声。

　　这就是享受上课的境界啊！每一个当下，每一个存在对老师对学生来说，都具有生命本体的意义。我读冯友兰先生的《一种人生哲学》。他讲得很深刻。他说，什么是人生？没有一种抽象的人生。吃饭是人生，睡觉是人生，现在我讲课是人生，你们听课是人生，人生就是每一种具体的表现，所有具体表现的综合就是人生。不是说人生之上还有另一种人生。什么是生命？这就是生命。一举手一投足是生命，跟孩子们眼神的交流是生命，静静地期待是生命。当然，焦虑是生命，烦恼是生命，痛苦也是生命。

　　那么老师们，你愿意选择怎么样的生命状态呢？积极心理学的奠基人弗兰克说过一句名言：即使是在极端恶劣的环境里，人们也会拥有一种最后的自由，那就是选择自己态度的自由。各位，更何况我们所处的环境是相当温润、相当自由的环境呢？黎巴嫩的文学大师纪伯伦对生命境界悟得极为透彻，他说，工作是看得见的爱，通过工作来爱生命，你就领悟了生命的深刻秘密。

冯友兰先生临终的时候，曾经书写过张载的四句偈："为天地立心，为生民立命，为往圣继绝学，为万世开太平。"这句话，道尽了古今知识分子所要追慕的最高境界。冯先生在后面又加了一句："虽不能至，然心向往之。"也许，这样的醇境、化境、终极之境，只是一个彼岸的理想，也许终身不能至，但是，即便终身不能至，我依然终身向往之！谢谢！（热烈的掌声）

精神三变，我的备课叙事研究

时间　2006 年 7 月 15 日

地点　杭州市拱宸桥小学

活动　第三届诗意语文高级研修班

整理　肖绍国

各位好，先为大家朗诵一首词，题目叫作《长相思》，作者是清朝康熙时期的大才子纳兰性德。（背景音乐缓缓响起）山一程，水一程，身向榆关那畔行，夜深千帐灯。风一更，雪一更，聒碎乡心梦不成，故园无此声。（掌声）

不瞒各位说，我上《长相思》这一课，遭遇了一次非常奇妙的体验，说出来你们都可能不信，天下哪有这样的好事儿？你们信不信？（笑声，应声"信！"）好嘛，我还没说，你们都已经信了，这叫什么"信"？迷信！（笑声）开个玩笑，言归正传。什么体验呢？我没备课，居然将课给上完了，而且还上得棒极了！这种完成，是自然的、下意识的，如羚羊挂角、无迹可求啊！（笑声）

去年7月的一天，正是毒日当头、酷热难耐的时候，《小学语文教师》的主编李振村先生打了个电话过来，约请我在10月份举行的"全国首届中华经典诗文教学观摩研讨会"上做课。我跟他是老朋友、老交情了，能不答应吗？为朋友，我两肋插刀都在所不辞的，何况是上节课呢，又不需要我舍命陪君子。（笑声）

自从前年指导王自文上了《古诗两首》之后，我就再也不敢去碰古诗教学了，为什么？伤神啊！少说也得少活一年半载的。（笑声）那一课凌空出世后，一直像大山似的拦着我、压着我，让人心生"眼前有景道不得，崔颢题诗在上头"之叹。（笑声）我心里说，诗是肯定不能碰了，那已经是个烫手的山芋了。不去碰诗，碰什么呢？碰词。（笑声）别误会，不是那个"碰瓷"，那是一帮子诈骗犯专门找机会制造碰车刮擦的事故，然后给你来个敲诈勒索。我可不干那事儿，从来不干。（笑声）说来巧了，那天我手头上正好有本刚出版的人教版五年级上册的语文书。我就翻开来看，也是机缘巧合，一眼就看上了纳兰的《长相思》。选公开课，第一感觉最是要紧。没感觉的课文，千万碰不得。这就叫"爱你没商量"！（笑声）

我捧起《长相思》，汗流满面地读了起来。那是在暑假，杭州的天儿热得，实在受不了。开空调吧，没电。为什么？不是拉闸限电嘛！（笑声）我本指望自己这一通读啊，能读出点"人所未见、人所未发"之类的独门秘笈，嗨！哪有这等好事儿？不但读不出独门秘笈，没想到，越读《长相思》反而越没了感觉。读到最后，原初的那种好感、那种迷离的冲动烟消云散，只剩下一层黏黏的汗垢留在身上。（笑声）

怎么办？难道我与《长相思》只有一面之缘？我心里就开始打架：换课！一念顿起；不能换！一念又起，我犹豫起来。最后，还是"不换"的念头占了上风。我对自己说，既然已经对《长相思》一见钟情了，就别再搞什么三心二意、见异思迁了。你这样老换对象，人家说你有作风问题，到时候你可吃不了兜着走。（笑声）这样一想，我的心就定了。现在想来，这"心定"二字确实重要。《大学》开篇就说："知止而后有定，定而后能静，静而后能安，安而后能虑，虑而后能得。"备课要有得，心定是关键。大家想想看，当初我要是心定不住，现在还能在这里为自己的《长相思》自说自话、自吹自擂吗？（笑声、掌声）

德国的哲学家尼采提出，人的精神会有三个变化过程：先变骆驼，再变狮子，最后成为婴儿。什么叫变成骆驼？不是说你真成了骆驼了，那是孙悟空的七十二变，那是神话。（笑声）所谓变成骆驼，就是意味着接受训练，听从指导，传承前人的经验和文化。你看，骆驼老是吃、吃、吃，一个劲儿地吃，是不？其实它一下子并不需要这么多的营养，

多余的营养怎么办？留着。留到哪儿？驼峰里。这就叫作来者不拒，统统笑纳。（笑声）然后呢，你有足够的能量了，越来越厉害了，于是，你就变成狮子了。（笑声）狮子是什么？兽中之王啊！谁敢惹它啊？狮子就是唯我独尊，自己作决定，自己听自己的，并且说一不二。好！你厉害吧？你厉害到极点了，那就来个物极必反，这是天道。你呢，由狮子就变成了婴儿。婴儿当然没有狮子这样的能量了，也不可能唯我独尊了。但是，婴儿却象征着"完美的开始"，婴儿态让人的精神重新回到了具有无限可能性的原点。这就是尼采所讲的精神三变。我觉得，自己对《长相思》的备课历程，大体上也就经过了这样的"精神三变"。

骆驼态的接纳

好！现在开始讲讲我如何变成骆驼。（笑声）那个暑假，《长相思》一直黏在我的心头，成了我不能承受又不得不承受的生命之轻。（笑声）说实话，心是定了，但对《长相思》的感觉还是处于没感觉的状态。（笑声）我对自己说，必须换个读法，否则只会死路一条。怎么变呢？还能怎么变？变骆驼呗！（笑声）于是，我摞下纳兰的《长相思》，转而去搜寻别人评鉴《长相思》的各种文字。是的，要想摆脱困境，我必须先成为骆驼，我也只能成为骆驼。（笑声）其实，现在想变骆驼还是挺容易的，你看，网络这么便捷，而我的藏书，少说也有七八千册吧。（赞叹声）这样，不到一天的工夫，我就查到了评鉴《长相思》的文字材料达1万多字。这些文字在我眼前精灵般地摇曳，不但一波又一波地激荡起我对《长相思》的新的爱恋，也慷慨地为我提供了教学设计的种种灵感。

比如这一篇——

"山一程，水一程"，一种含而不露的循环句式，形成"行行复行行"的远离动作，动作的方向是"榆关"，与"故园"遥遥相对，随着行程的越来越远，造成空间上的巨大张力，产生对"故园"的依恋、渴望。"夜深千帐灯",夜色深沉,千帐灯燃,然而这不是家园熟悉的的夜晚,怎能不惹起作者强烈的思归之情?"风一更,雪一更,聒碎乡心梦不成",作者多么希望能在梦中返回故园,但是帐外风雪交加的呼啸声使他难以入睡,这小小的愿望也无法实现。辗转反侧的他怎能不埋怨这聒耳的风雪声呢?"故园无此声",故园有什么声呢?是母亲的亲切嘱托,还是妻子的浅笑低语?引逗读者展开丰富的联想……

这篇文字,你别看它挺简约的,篇幅不长,但是意味却大有嚼头,一个词,耐读!好文章一定耐读,耐读的一定是好文章。(笑声)我读《长相思》,就没能将"榆关"和"故园"搁在一块儿想,自然也就体会不到这种空间上的巨大张力。被他的文字这么一引逗,我顿时就听见了"行行复行行"这一句的沉重旋律:山一程,水一程——水一程,山一程——山一程,水一程——水一程,山一程。(笑声)

再比如,这一篇,各位注意啊,这些就是藏在我的精神驼峰里的营养啊!(笑声)——

康熙二十年,"三藩之乱"平定。翌年三月,玄烨出山海关至盛京告祭祖陵,纳兰性德扈从。本篇即作于此时。词以"山一程,水一程"六字叠韵发端,是此调正体,而全用口语组织,予人自然奔放之感,为下文"夜深千帐灯"五字拓开地步。此五字粗看亦寻常,细味之则朴素中兼有气象万千,为他人累千百字所刻画不到。所以王国维《人间词话》对此深致推奖云:"'明月照积雪'、'大江流日夜'、'中天悬明月'、'长河落日圆',此种境界,可谓千古壮观。求之于词,唯纳兰容若塞上之作,如《长相思》之'夜深千帐灯'、《如梦令》之'万帐穹庐人醉,星影摇摇欲坠'差近之。"体味甚是,也足见纳兰此句之地位。下片作者情绪陡转。在"千帐灯"下,词人倾听着一更又一更的风雪之声,不禁想起"故园",唤起"乡心",从而辗转难寐了。此数句字面亦寻常，意思却很不一般。所谓"天涯行役苦"，大家都容易理解，可是纳兰现在乃是扈从皇帝"巡幸"途中，本该踌躇满志、意气风发才是。他却偏偏作此小儿女态，恋起家来！其深心视此等荣耀为何如即可想见矣。按其底里，真正是"冷处偏佳，别有根芽，不是人间富贵花"。

听听，多好的文字！笔触之老辣，文字之古拙，让人爱不释眼啊！一句"其深心视此等荣耀为何如即可想见矣"，给人以当头棒喝、醍醐灌顶之感。而"冷处偏佳，别有根芽，不是人间富贵花"的喻指，可谓知根知底，深得纳兰性德的文字三昧。我想，若纳兰在天有灵，必当以同怀视之。（笑声）

当然，其中也有一些和而不同、旨趣相左的鉴赏文字，比如这一篇，我们听一听——

"山一程，水一程"，仿佛是亲人送了我一程又一程。"身向榆关那畔行"，是使命在身行色匆匆。"夜深千帐灯"则是大队人马夜晚宿营，众多帐篷的灯光在夜幕反衬下所独有的壮观场景。"山一程，水一程"，寄托的是亲人送行的依依惜别情；"身向榆关那畔行"，激荡的是"万里赴戎机，关山度若飞"的萧萧豪迈情；"夜深千帐灯"催生的是"大漠孤烟直，长河落日圆"的烈烈壮怀情。

这情感的三级跳，既反映出词人对故乡的深深依恋，也反映出他渴望建功立业的雄心壮志。二十几岁的年轻人，出身豪门，风华正茂，自然是眼界开阔、见解非凡。又有皇帝贴身侍卫的优越地位，建功立业的壮志定会比别人更为强烈。可正是由于这种特殊的身份，反而形成了他拘谨内向的性格，有话不能直说，只好借助于儿女情长的手法曲折隐晦地反映自己复杂的内心世界。

"夜深千帐灯"既是上阕感情酝酿的高潮，也是上、下阕之间的自然转换。夜深人静的时候，是想家的时候，更何况"风一更，雪一更"，心情就大不相同。路途遥远，衷肠难诉，辗转反侧，卧不成眠。"聒碎乡心梦不成"的慧心妙语可谓水到渠成。

　　"山一程，水一程"与"风一更，雪一更"的两相映照，又暗示出词人对风雨兼程人生路的深深体验。愈是路途遥远、风雪交加，就愈需要亲人关爱之情的鼓舞。因为她是搏击人生风浪的力量源泉，有了她，为了她，就不怕千难万险，就一定会迎来团聚的那一天。从"夜深千帐灯"的壮美意境到"故园无此声"的委婉心地，既是词人亲身生活经历的生动再现，也是他善于从生活中发现美，并以此创造美、抒发美的敏锐高超艺术智慧的自然流露。

　　说实话，这篇文字我不是特别喜欢！为什么？我觉得有些拔高的味道。以我偏爱的生命感觉和价值趣味，我更服膺第二篇的那种"不是人间富贵花"的心灵解读。后来，我在深入研究纳兰性德的生平情况之后，回过头来看，发现自己的这种感觉是完全对头的。

　　《全清史》对纳兰性德有专门的记载。实际上，我在读《红楼梦》的时候，就开始接触纳兰性德了。大家知道，红学中有一个学派叫作"索隐派"，蔡元培先生就是索隐派的代表人物。索隐派的一个基本主张就是，《红楼梦》不是一部纯粹虚构的小说，它里面的大量人物、大量故事在生活中都是实有其事的，它的文字有许多影射和暗指。比如，索隐派中的其中一个支派就认为，《红楼梦》写的就是康熙朝大学士明珠家的事儿，其中，贾宝玉就是影射谁呢？对！影射纳兰性德！所以，很早的时候，我就对纳兰性德有过一个大概的印象。现在因为要上他写的词，自然就格外留意了。纳兰性德，字容若，号楞伽山人，康熙朝内阁大学士、太傅明珠的长子，顺治十一年（1655 年）出生于满洲正黄旗。纳兰性德自幼天资聪颖，读书过目不忘，打小就开始学练武功，什么骑马呀、射箭呀，他都练过。实际上，这也是当年八旗子弟一种普遍的风气，因为，清朝的天下是在马背上打下来的。纳兰 17 岁入太学读书，就是读大学本科了，曾经拜内阁学士、礼部侍郎徐乾学为师。在名

师的指导下，他主持编纂了一部 1792 卷的儒学汇编——《通志堂经解》，这个得花工夫，不是三五天就能成事的。这也为纳兰今后的发展打下了相当坚实的学养和经典的基础。与此同时，他又把搜读经史过程中的见闻和学友传述记录整理成文，用了大概三四年的时间，编成一部书，叫作《渌水亭杂识》，这部书包含了历史、地理、天文、历算、佛学、音乐、文学、考证等方面知识。从这部书可以看出，纳兰的兴趣非常广泛。可以说，他既是一个大才子，又是一个高雅的性情中人。我觉得，纳兰要是当一个语文老师，迟早定成著名的特级教师。（笑声）

纳兰性德 22 岁那一年，以优异的成绩考中进士二甲第七名。大家知道，明清科举，最高级别算是殿试，皇帝是主考官。一般考下来只取三甲，一甲只取前三名，依次为状元、榜眼、探花。然后就开始取二甲，你算算，这一科考下来，从一甲排起，纳兰是第几名？对！第十名！厉害呀！前几年教育界议论过一个"第十名"现象，说是根据追踪调查，以后最有出息、最有成就的往往是班里成绩排在第十名前后的那拨孩子，你看，纳兰不也正是第十名吗？（笑声）那一科的状元是谁？榜眼是谁？探花是谁？你们还记得吗？鬼才记得！我们现在只记得这个考了第十名的大才子——纳兰性德！（笑声）金榜题名后，当时的康熙皇帝就授纳兰为三等侍卫，以后升为一等侍卫。啥意思？意思大了！一等侍卫，那意思就是康熙的贴身保镖啊！大内高手、武功盖世，这就是皇帝的贴身保镖带给我们的记忆，是吧？作为皇帝身边的御前侍卫，纳兰性德是一个真正的文武双全、德才兼备的人物！论文，他才高八斗、学富五车，是一风流雅士；论武，他精于骑射、英俊威武，又是一大内高手。他随康熙皇帝南巡北狩，游历四方，而且还奉命参与了许多重要的战略侦察。在游历途中，纳兰随康熙唱和诗词，译制著述。什么意思？就是皇上诗兴大发，舞文弄墨，纳兰就得跟着一起作诗、一起题词，而且，他的这个诗、这个词既要深得圣心，合康熙皇帝的口味，又要作得有分寸。所以，这个差不是谁想当就能当的，即便当了，也不是谁当了就能当好的。但纳兰不是，他这个差，当得可好了！史书有明

确记载，纳兰因护驾有功、颇合圣意，多次受到康熙皇帝的恩赏。可以说，此时的纳兰是人们羡慕的文武兼备的年少英才，是帝王器重的随身近臣，是前途无量的达官显贵。

事情果然这样吗？当然不是这样。要不然，我们今天还能读到《长相思》这样的极品佳构吗？有人说愤怒出诗人，我看未必，愤怒往往出狂人。（笑声）而痛苦，尤其是生命内在的痛苦，则往往能催生大诗人、大文人。往远处说，屈原是这样，司马迁是这样；往近处说，曹雪芹是这样，纳兰性德不也是这样吗？作为诗文奇才，他在内心深处厌倦官场庸俗和侍从生活，无心功名利禄。虽"身在高门广厦，常有山泽鱼鸟之思"。所以，评他的那句话，"冷处偏佳，别有根芽，不是人间富贵花"，我觉得真是高山流水般的知音之语啊！纳兰的诗文都很出色，尤其是他的词作，王国维在《人间词话》中曾经高度评价纳兰词，称他是北宋以降的第一人啊！纳兰24岁时，就把自己的词作编选成集，叫作《侧帽集》，后来改名叫《饮水词》，再后来，有人把纳兰的这两部词集增遗补缺，一共是342首，编在一起，定名为《纳兰词》。这部书，在当时就非常流行，用咱们现在的话来说，就是不折不扣的畅销书啊！（笑声）以后有很多人模仿纳兰词，研究纳兰的生平事迹，现在北京还有一个"纳兰研究会"。这都是纳兰的铁杆粉丝，（笑声）我看可以叫作"纳米"啊！（笑声、掌声）"纳米"比"玉米"可强多了，是不是？一个是高科技，一个是传统农业，能比吗？（笑声）

纳兰性德17岁那年娶了个媳妇卢氏，大家闺秀，才貌双全，当然我没有亲眼看见。（笑声）这要搁在今天，那是不行的，这不是早婚吗？（笑声）但那时是完全可以的，所以，古人也有比我们现代人幸福的时候啊！（笑声）少年夫妻无限恩爱，朝朝暮暮，卿卿我我。（笑声）于是，纳兰诗兴大发、才气喷涌。所以，有时候幸福也是文学创作的一个动力，并不一定非得寻死觅活、天昏地暗的痛苦才行。（笑声）但是，天有不测风云，人有旦夕祸福。婚后第三年，卢氏因难产去世，各位，才十八岁啊！一朵花就这样谢了！我这样想着都心痛，更甭提那时

的当事人纳兰性德了。沉重的精神打击使他在以后的悼亡诗词中一再流露出哀婉凄楚的不尽相思之情和怅然若失的怀念心绪。在我看来，纳兰写得最好的词就是悼妻之作。那是至情至性的生命的哀吟、灵魂的泣诉，字字读来皆是血啊！纳兰性德后来又续娶了关氏，还讨了一个侧室，就是妾，叫颜氏。幸福吧？都三妻四妾的。（笑声）其实，纳兰并不幸福，他的身上的确有着贾宝玉的影子。情这个字，在纳兰看得特别重，你说他情痴也好，说他情殇也好。康熙二十四年的春天，纳兰抱病与好友一聚，一醉，一咏三叹，然后便一病不起，七天后溘然长逝，年仅三十一岁。天妒英才啊！

　　大家看，纳兰一方面是落拓不羁的性格，天生超逸的禀赋，卓尔不群的才华，一方面又是钟鸣鼎食的富贵，平步宦海的潇洒，金阶玉堂的桎梏，这就构成了一种常人难以体察的心理压抑和人格裂变。再加上爱妻早亡，后续不洽，知交零落，扈从艰险，使纳兰性德长期无法摆脱内心深处的困惑与悲观，其深心视此等荣耀为何如？我想，大家都是能够猜见的。

　　不瞒各位说，纳兰的生平带给我一种异样的感触。似曾相识，又因为相隔遥远而显得陌生。这种异样的感触，推着我走进了《纳兰词》。我小心翼翼地在这些词作中寻觅纳兰的生命遗痕，索引《长相思》精神的蛛丝马迹。比方说，纳兰有一首词叫《河传》，其中有这样的词句："斜倚画屏思往事，皆不是，空作相思字。忆当时，垂柳丝。花枝，满庭蝴蝶儿。"这不正是《长相思》中"故园"温馨的影子吗？再比方说，他写的《虞美人》，其中"半生已分孤眠过，山枕檀痕涴。忆来何事最销魂，第一折技花样画罗裙"，不正是《长相思》中"乡心"柔软的归宿吗？还有，《如梦令》中，"归梦隔狼河，又被河声搅碎。还睡，还睡，解道醒来无味。"又是一个让人不忍卒读的"碎"字。而《菩萨蛮》中，一句"问君何事轻离别，一年能几团圆月？"问出了纳兰心中多少无奈、寂寥和伤感。读完纳兰的50多首词作，留在我心头的，只剩下这样饱含深情的十个字——"青衫湿透，无人共话凄凉"。

但这毕竟是纳兰语境笼罩下的《长相思》，毕竟是作为一个纯粹的读者所发现的《长相思》。当《长相思》一旦被卷入课程语境，一旦被现代的主流价值所规约的时候，情形就发生了微妙的变化。于是，我不得不悬置起自己的精神偏好，将《长相思》的情感基调和思想主旨向这篇鉴赏文章靠拢：

> 愈是路途遥远、风雪交加，就愈需要亲人关爱之情的鼓舞。因为她是搏击人生风浪的力量源泉，有了她，为了她，就不怕千难万险，就一定会迎来团聚的那一天。

> 从"夜深千帐灯"的壮美意境到"故园无此声"的委婉心地，既是词人亲身生活经历的生动再现，也是他善于从生活中发现美，并以此创造美、抒发美的敏锐高超艺术智慧的自然流露。

毕竟，过于凄婉的感情，不利于对学生的思想情感教育，我们的语文教育，还是需要弘扬主旋律的。

我收集的 1 万多字的鉴赏文章，让我重新找回了对《长相思》的感觉，有段时间，我发现纳兰的影子一直缠着我不肯离去。恍兮惚兮，其中有象，我几乎整个一神经病了。（笑声）半个月后，我完成了《长相思》的文本细读——

1. 整首词共 36 个字（不含词牌和标点），上片、下片各 18 字。

2. 全词押庚韵，共 8 个韵脚。即：程、行、灯、更、成、声。需要说明的是，根据古韵书《词林正韵》，"行"属"青韵"，和"庚韵"是可以通用的。

3. 《长相思》是词牌名，又名《长相思令》、《吴山青》、《山渐青》等。三十六字，平韵，上下片的首两句叠韵。唐教坊曲名，此调多抒相思缠绵之意。典型的如晏几道的《长相思》："长相思，长相思，若问相思甚了期，除非相见时。长相思，长相思，欲把相思说似谁，浅情人不知。"纳兰性德的《长相思》虽没有单列题目，但词牌也可以看作是本首词的题目。

4. 全词共出现 5 种意象，即：山、水、灯、风、雪。山水意象寓征途羁旅之苦，风雪意象寓怀乡思归之情。入词的意象都很平常，但却意味蕴藉、意境深邃。

5. "山一程，水一程"，以互文笔法延拓空间；"风一更，雪一更"，亦以互文之笔绵亘时间。全词意境在时空的变动格局中形成。

6. 上片着眼于"色"的对比，夜色之深与灯光之明形成对比。下片着眼于"声"的对比，风雪之聒与故园之音形成对比。在对比中，词境产生一种审美的张力。

7. 上片是实写，山、水、行、灯，皆为实景。下片系虚写，风、雪、梦、声，皆为空相。一实一虚，机心深藏。

8. 上片着力写一"身"字，一程一程者，身之行迹也；下片着力写一"心"字，一更一更者，心之浪迹也。身无所居，心无所安，能不忆故园乎？

9. 全词上片叙事，叙扈从之事。下片抒情，抒思乡之情。事和情以景贯之、融之，浑然一体。

10. "故园"为全词之枢纽。故园在此既是一种生活场景，更是一种精神意象。就生活场景言之，通常让人想起此类经典的剪影：

慈母手中线。	——孟　郊《游子吟》
共剪西窗烛。	——李商隐《夜雨寄北》
最喜小儿亡赖，溪头卧剥莲蓬。	——辛弃疾《清平乐·村居》
忙趁东风放纸鸢。	——高　鼎《村居》
采菊东篱下，悠然见南山。	——陶渊明《饮酒》
青箬笠，绿蓑衣，斜风细雨不须归。	——张志和《渔歌子》
谁家玉笛暗飞声，散入春风满洛城。	——李　白《春夜洛城闻笛》
一川烟草，满城风絮，梅子黄时雨。	——贺　铸《青玉案》

11. 而就"故园"的精神意象、文化品格而言，仿佛是一种前世今生的约定，故园总会时时萦绕在我的心中。许多具体的感情可能变

质，但故园总能承载我的悲欢离合，宽厚一如母亲的怀抱。你不必担心背叛和离弃，也不必担心伤害和刺痛，人性的弱点在这里成了一段精神的童话。也因此，"故园"成了人类文化的一个永恒主题，譬如：

露从今夜白，月是故乡明。　　　　　　　　　　（唐·杜甫）
胡马依北风，越鸟巢南枝。　　　　　　　　　　（古诗十九首）
瞻云望鸟道，对柳忆家园。　　　　　　　　　　（南北朝·阴铿）
乡心正无限，一雁度南楼。　　　　　　　　　　（唐·赵嘏）
无端一夜空阶雨，滴破思乡万里心。　　　　　　（宋·张咏）
百年为客老，一念爱乡深。　　　　　　　　　　（宋·刘过）
到处青山山有树，如何偏起故乡情。　　　　　　（元·廖大奎）
思归若汾水，无日不悠悠。　　　　　　　　　　（唐·李白）
如今白首乡心尽，万里归程在梦中。　　　　　　（唐·灵澈）
凭寄还乡梦，殷勤入故园。　　　　　　　　　　（唐·柳宗元）
不忍登高临远，望故乡渺邈，归思难收。　　　　（宋·柳永）
无奈归心，暗随流水到天涯。　　　　　　　　　（宋·秦观）
日暮乡关何处是，烟波江上使人愁。　　　　　　（唐·崔颢）
人言落日是天涯，望极天涯不见家。　　　　　　（宋·李觏）
冉冉老将至，何时返故乡？　　　　　　　　　　（三国·曹操）
逢人渐觉乡音异，却恨莺声似故山。　　　　　　（唐·司空图）

对《长相思》的文本细读，我是在骆驼式的精神状态下完成的。我在想，如果没有先前的1万多字来打细读的底子，如果不曾走进纳兰的历史空间，如果无法将《长相思》和纳兰的其他词作建构起一种精神上的互文关系，那么，我能实现这样的文本细读吗？我想，答案应该是否定的。

当我将36字的《长相思》读成了显性的1493字的自我感悟、自我发现、自我鉴赏的时候，当这1493字的文本细读的背后融入了我本人对纳兰的精神世界、诗词境界以及对自我的生命感觉、价值偏好的种种追寻、反思和拷问的时候，我忽然有了一种底气十足、神采飞扬的感觉。这种感觉，棒极了！好极了！妙极了！美极了！爽极了！（笑声）

曾经有人问我：文本细读难道仅仅是教师课前的先期阅读吗？如果是这样，那不就是"钻研教材"吗？何必非得贴上一张"文本细读"的标签呢？这类话，初听听似乎也有些道理。但仔细一想，恐怕没有这么简单。我觉得，在"文本细读"和"钻研教材"之间划等号，草率了些。因为，任何概念的提出，都不可能是空穴来风、凭空出世。它们总是基于某种历史文化语境，是在特定的语境中诞生的。就像"对话"跟"交流"不能同日而语、"探究"跟"提问"也不能相提并论一样。

大家知道，"文本细读"和"钻研教材"来自两个不同的概念系统。它们的语义内涵不仅取决于它们自身的概念存在，更是被它们所由来的观念系统框定的。两者的根本区别在于，在"钻研教材"所置身的话语系统中，语言被指述为工具，因为是工具，因此它是外在于人的生命存在的，语言是语言，内容是内容，于是，钻研教材就是钻研内容。而在"文本细读"的语境中，语言，准确地说应该是"言语"，言语是本体，言语是存在的家，言语性是生命的本质属性、固有属性，而不是外加的。那么它所钻研的不是剥离了语言的内容，而是言语本身。注意，是言语本身！这是第一。

第二，钻研教材，意味着教师在细读文本之前，已经有了一个先在的限定：文本是"教材"，文本已经被异化、窄化、浅化为"教材"，教师能读出的不过是文本作为教材的"教学重点"、"教学难点"、"教学特点"和"教学疑点"。其他的，因为跟我的教学无关，于是统统来个"格杀勿论"。（笑声）而文本细读就不是这样，它要善良得多、细腻得多，它首先让文本返回到原初状态。注意，原初并非仅指开端，原初就是原本、本原、本体。文本细读，就是将文本返回本体。从这个意义上说，作为教材的"文本"是流，作为文本的"文本"才是源啊。你不能本末倒置，舍本逐末，你应该正本清源，培根固本，是不是？（笑声、掌声）

文本细读的完成，标志着我对《长相思》的备课实现了精神上的第一变。

狮子般的唯我独尊

第一变的大功告成，让我沉浸在底气十足、神采飞扬的精神状态中。但是，好景不长啊，（笑声）当我思考的脚步跨进教学之门的时候，我突然感到了一种前所未有的认知眩晕。跟喝醉了酒似的，走路像踩棉花，眼前直冒金花，看什么都像雾里看花。（笑声）这眩晕，不是来自别处，恰恰来自文本细读，来自让我底气十足、神采飞扬的文本细读。正是这细读，一方面把我带入了一个繁花似锦、姹紫嫣红的诗意丛林，另一方面，也让我深深体味到了那种什么都想摘、什么都难以割舍的尴尬，箩里挑花，越挑越花。

你比方说，山、水、风、雪、灯，这些极为典型的诗词意象得让学生去建构吧，不然，词的意境如何呈现、意蕴又如何开掘呢？

你比方说，互文作为一种刚刚呈现在学生面前的古典修辞手法，得让他们了解一下吧，不然，词的字面意思如何明朗化、清晰化？

你比方说，虚与实、冷与暖、事与情、苦与乐，这些林林总总的对比结构得让学生有个发现吧，不然，诗人的情感张力和词的言语审美张力如何体会？

你比方说，诗人的身心矛盾、身心冲突得让学生去感悟吧，不然，他们对词的学习如何发乎情又如何止乎情呢？

你比方说，故园的生活场景得让学生去想象吧，不然，天涯行役之苦如何品尝、辗转反侧之意如何揣度、寂寞凄清之心如何触摸？

而作为全词、自然也是全课的精髓之所在的故园文化意象的把握和体悟，更是自不待言、毋庸置疑的课程目标。这还只是就《长相思》本身的学习资源而言，但从新课标的核心理念看，囿于《长相思》本身的课堂学习显然早已落伍了！别的我们姑且不论，首先，诗人纳兰性德的生平、词作的生存背景得让学生了解吧？再有，"乡愁"作为本单元、自然也是本课的主题，多少总得有些精神高度和深度的拓展吧？而纳兰词中，这样的篇什可谓俯拾皆是，随便拈出一首，就可以成为《长相思》极佳的互文语境和印证文字。看来，寻找文本的"三千弱水"本来就不太容易，而要从三千弱水中只取其中的一瓢，那就更是难上加难、难以下手了！（笑声）

更要命的是，我本是抱着再一次超越、再一次突破的想法接受《长相思》的公开教学的，这自然是自己跟自己过不去，自己把自己往死路上逼。（笑声）我得角角落落、里里外外地去寻觅古诗词教学的新视域、新范式、新的生长点、新的解读规则甚至新的价值取向和美学承诺。在这寻寻觅觅、冷冷清清的过程中，我发现了朱光潜先生的《诗论》和朱自清先生的《说诗》。这两位，大家都清楚，在中国现代文学史上都是泰山北斗式的人物。《诗论》被学界公认是 20 世纪中国学术文化的经典之作，朱光潜先生也认为自己用功较多，有独到见解的，就是这本《诗论》。所以，我跟我的弟子们说，这本书你们必须从头到尾、一字一句地通读、细读，否则，你就别来拜我为师！（笑声）而熟知现代文学史的人们都清楚，对朱自清先生来说，他的第一身份其实不是作家、散文家，而是什么？教授，一位古典文学的教授，他首先是第一流的古典文学专家，而后才是第一流的散文大家。叵惜，我们现在只记得他的第二个身份，而且，只是读他的散文、美文，诸如《春》、《匆匆》、《背影》、《梅雨潭的绿》、《荷塘月色》等等，很少有人去关注、去阅读朱自清先生的古典文学论著、语文教育论著，这叫"成也散文，败也散文"啊！（笑声）我今天特别提出朱自清先生的《说诗》，也有这么一点纠偏的意思在里面。

但是，糟糕的是，两位大师，尽管都姓朱，尽管都研究、推崇诗学、诗论，但他们对诗的解读却有着不同的、甚至截然相反的看法和观点。不信？那我就具体展开说一说，朱光潜先生在《诗论》中反复强调的一个理念是：进入诗之堂奥最要紧的是"见"，"风吹草低见牛羊"的"见"，这里的"见"和"现"，即出现的"现"是一个意思，而不

是解释的"解"。

从一定意义上讲，诗是不能解的。他老人家在《诗的境界——情趣与意象》中这样说过："每首诗都自成一种境界。无论是作者或是读者，在心领神会一首好诗时，都必有一幅画境或是一幕戏景，很新鲜生动地突现于眼前，使他神魂为之钩摄，若惊若喜，霎时无暇旁顾，仿佛这小天地中有独立自足之乐，此外偌大乾坤宇宙，以及个人生活中一切憎爱悲喜，都像在这霎时间烟消云散去了。"

顺着这样一种境界，老先生又指出："无论是欣赏或是创造，都必须见到一种诗的境界。这里'见'字最要紧。第一，诗的'见'必为'直觉'。诗的境界是用'直觉'见出来的，它是'直觉的知'的内容而不是'名理的知'的内容。'见'所须具的第二个条件是所见意象必恰能表现一种情趣。凝神观照之际，心中只有一个完整的孤立的意象，一无比较，无分析，无旁涉，结果常致物我由两忘而同一，我的情趣与物的意态遂往复交流，不知不觉中人情与物理互相渗透。情景相生而且相契合无间，情恰能称景，景也恰能传情，这便是诗的境界。"

你听，说得多好，多精辟、多透彻啊！我被朱先生的精微阐述深深地折服了。

再往下读，我才发现，朱先生的这一卓见与他对语言的"形式"和"实质"关系的哲学思辨是密不可分的，他在《论表现——情感思想与语言文字的关系》中，石破天惊地开示我们这些冥顽的后学，他这样说："诗人和其他艺术家的本领都在见得到，说得出。一般人把见得到的叫作'实质'或'内容'，把说出来的叫作'形式'。换句话说，实质是语言所表现的情感和思想，形式是情感和思想借以流露的语言组织。依这样看，实质在先，形式在后；情感思想在内，语言在外。他们不知道，语言的实质就是情感思想的实质，语言的形式也就是情感思想的形式，情感思想和语言本是平行一致的，并无先后内外的关系。"这个见解，在我以往的阅读经验中是从来没有体会过的。

我现在读西方的一些语言哲学、存在主义哲学，读"词语破碎处，

无物存在"，读海德格尔的"语言是存在的家园"，这才慢慢地领悟到朱先生这一思想的精深和秘妙。他从语言哲学和美学的高度为"诗是不可解的"提供了最为有力的注脚。说实话，第一次读到这样的思想、这样的文字，我只能用"震撼"一词来表达当时的感受。

但是，当我以极其虔诚的心态捧起朱自清先生的《说诗》时，我顿时就蒙了，晕了。我心说，两位大师的诗论不是在唱对台戏吗？你听听——

"就一首首的诗说，我们得多吟诵，细分析；有人想，一分析，诗便没有了，其实不然。单说一首诗'好'，是不够的，人家要问怎么个好法，便非先做分析的工夫不成。"这是我在朱自清先生的《诗多义举例》一文中一再读到的观点。你看，用"非……不成"的句式来强调诗的"分析"、强调诗的"可解"，看来朱先生是认定此理了。

在《诗的语言》一文中，朱自清先生又指出："诗是比较精粹的语言，但并不是诗人的私语，而是一般人都可以了解的。从表面看，似乎诗要押韵，有一定形式。但这并不一定是诗的特色。散文中有时有诗，诗中有时也有散文。"听听，既然诗并非诗人之私语，既然一般人都可以了解诗，诗怎么会不可解呢？

既然诗是注定可解的，那自然就有"解"的门径了。这不，朱自清先生在《陶诗的深度》里就陶渊明诗的欣赏顺便为我们指出了这样一条解诗的门径："有些人看诗文，反对找出处；特别像陶诗，似乎那样平易，给找了出处倒损了它的天然。钟嵘也曾从作者方面说过这样的话；但在作者方面也许可以这么说，从读者的了解或欣赏方面说，找出作品字句篇章的来历，却一面教人觉得作品意味丰富些，一面也教人可以看出哪些才是作者的独创。一个人读书受用，有时候却便在无意的浸淫里。"类似于"找出处"这样的解诗门径，在朱先生的《说诗》中随处可见。

于是，矛盾、抵牾就出现了。一个说"诗是不可解的"，一个说，不对，"诗是可以解的，而且必须解"。真不知道如果哪天这二位见了

面，会不会吵得面红耳赤、不可开交。（笑声）

语文教学有一条基本的定律，那就是"读法决定教法"。你怎么读，你就怎么教，这在总体上是错不了的。按"诗是可解的"这种读法，你会形成一种教法；按"诗是不可解的"这种读法，你又会形成另一种教法。两种教法不说水火不相容，至少也是各自为政、各行其是的。大路朝天，各走一边；你走你的阳关道，我过我的独木桥。（笑声）那么，问题来了，我听谁的？听朱光潜先生的吧，把朱自清先生给得罪了；听朱自清先生的吧，又把朱光潜先生给得罪了！这不是猪八戒照镜子——里外不是人嘛！（笑声）

说真的，当时，我的整个精神世界被《长相思》搅得一片混乱、一塌糊涂。再这样下去，非成精神病不可。（笑声）蒙田曾经说过："植物会因太多的水而溺死，灯会因太多的油而窒息，同样，人的思想会因饱学装满纷繁复杂的东西，以致理不出头绪，压得弯腰驼背，枯萎干瘪。"你老是做骆驼，一直做骆驼，最后你就成了骆驼祥子，出路只有一条——死路啊！（笑声）

我豁出去了！干吗？造反呗！弼马瘟，咱不干了，索性一不做二不休，做个齐天大圣得了！这么着，我就成了"狮子"！狮子也是被逼出来的。（笑声）自己判断、自己抉择、自己做主吧！我这样对自己说。

第一，先确立诗的读法哲学。这是《长相思》教学的本体问题、本质问题，自然也是本位问题。

"可解"与"不可解"这对矛盾，想绕是无论如何也绕不过去的。以前浑然不觉，倒也罢了。不知者不怪罪嘛！今天，既然已经在无意中捅了"诗的读法哲学"这个马蜂窝，那就再无撂下不管的道理了。我认为！你听听，口气都变了，都"我认为、我主张、我决定"了，这就是做狮子的德行！唯我独尊嘛！（笑声）我认为，从根本上说，诗是不可解的。在经过一番痛苦的抉择之后，我和朱光潜先生站在了一起。（笑声）

这里说的不可解，并非指那些由于具体诗篇的思想贫乏、想象混

乱、语言晦涩等原因所引起的。那是诗人自己作孽，对读者则是一种大不敬的罪过。这里所谓的"不可解"，是针对诗的一种先天性的存在，这种存在要归咎于诗的语言。大家知道，语言本身具有模糊性，这是个不争的事实。而诗的语言，因为常常被诗人的主观感情浸染而大大变色，本身的句式结构也常常会受到全诗的情绪、气氛的冲击，在语法面前常常越轨。再加上诗的外部形式，诸如音韵、节奏、字数、句数、排列等的特殊规则对语言施加的种种约束，使得诗的语言更是模糊的模糊，模糊的平方，甚至是"模糊的模糊"的模糊，那就是模糊的立方。（笑声）所以有人说，诗人大多是疯子，诗人不说人话，说什么话？对！疯话！（笑声）

那么读诗呢？读诗，一方面自然要遭遇诗在创作中的言语生成规则，模糊是读诗面临的最大现实。另一方面，读诗，遵从的远非文字句法的逻辑，更主要的是情绪本身的逻辑。严羽严沧浪早就说过，"诗有别材，非关书也；诗有别趣，非关理也"，读诗，主要不是依靠理性去解析诗句的文字含义，而是调动情绪几乎是直觉地去把握诗意，这就是朱光潜先生一再强调的"见"。

然而，诗的可解，也正是从不可解中生发出来的。这叫"孤阴不生，孤阳不长"，你看那个太极图，阴鱼中是阳眼，阳鱼中是阴眼，它们往往是对立统一、互相转化的。诗的不可解，实际上同时包含着诗的可解。这话有点玄，但这就是辩证的智慧。从诗的语言的模糊性，到诗的意境的清晰性，中间有个转化过程。这个过程之所以能在读者心目中迅速完成，还是依靠诗的模糊本身所具有的暗示力量。正是"欲说还休，却道天凉好个秋"的模糊状态，为语义的双关、联想、引申、转借提供了腾挪翻转的广袤天地。诗的言外之意，诗的感性寄托，诗的象征影射，诗的境外之境，就这样乘虚而入；诗的"巨大的思想深度和意识到的历史内容"，也就随之不露声色地大踏步走进了诗的意境。这也就是杨诚斋所谓的诗"可以意解，不可以辞解"的道理所在。

你瞧，说了一大通，这不，所有的问题都解决了。朱光潜先生的观

点确立了，朱自清先生的主张也吸纳了，你中有我，我中有你，打成一片，两全其美，好家伙，谁也不得罪！（笑声、掌声）

就这样，在诗的"可解"与"不可解"之间，我确立了自己的"和解"之道。诗的读法哲学这一根本性的主张一旦确立，教法问题就变得明朗、干净起来，那些曾经让我为之眩晕、为之昏胀、为之团团转的牵丝攀藤也就变得柔软起来、轻盈起来。我的备课，再次迎来了"春雨断桥人不渡，小船撑出绿荫来"的精神气象。

第二，就在诗的读法哲学那儿，我为自己订制了一张《长相思》的教法菜单。好的语文老师，就应该是个高级厨师。上课跟做菜跟烹调有许多内在的相通之处，其实，所有的事儿，一旦上升到艺术的高度，都是一通百通的。读法虽然紧要，但毕竟只是解决了一厢情愿的本体问题，不能因此冷落了作为主体的学生那一头。你烧的菜，最终得合学生的胃口，难道不是吗？

我认为，一个有智慧的语文老师，教诗的最好途径就是不教诗。这不废话吗？不教诗，你教啥？这不忽悠人吗？（笑声）开个玩笑，不是说真的不教，而是让"诗"凭着自己的言语存在说话，让学生直接贴在诗的面颊上感受她的诗意。我后来教《长相思》，就是沿着这样一条路径往前走的。既然从根本上说，诗是不可解的，那么，教学中我就有权利、更有责任和学生一起保护"诗"，保护"诗"作为一种"完形"的存在，而这种保护的最佳策略无疑就是诵读，就是"设身处地、感同身受"的诵读，就是"因声解义、因声传情、因声求气"的诵读，就是"激昂处还它个激昂，委婉处还它个委婉"的诵读，就是"眼与耳谋、耳与口谋、口与心谋、心与神谋"的诵读。（掌声）对学生而言，诵读自然是他们乐意为之的一种学习方式。

既然诵读就是教学《长相思》的基本战略，那么对我来说，先读一步，读出《长相思》的精气神来，进而体验诵读中种种甘苦滋味，以备引导学生之用，自然是责无旁贷、义不容辞的事儿了。

好，我现在重新朗诵一遍《长相思》，边诵我边做些讲解。（掌声）

大家注意，词牌"长相思"三字的读法最为紧要。为什么？因为整首词的基调和气韵，由这三字始，也由这三字终。一个"长"字，既有绵绵不绝之意，更有深深入骨之味，读的时候，要低沉一些、委婉一些、绵长一些。而"相思"二字，落点应该放在"思"字上，"相"读长、读扬，"思"呢，读短、读抑，带给人一种音有尽而韵无穷、声已去而思常在的感觉。词牌读好了，那么，词的情调、意境，也就大局已定。

《长相思》的上片，叙扈从之事，就是随从康熙皇帝北上祭祖的意思。词境壮观辽阔而兼及凄怨苍凉。"山一程，水一程"，要读得低沉切实、绵亘起伏。"山一程"慢慢地扬读，"水一程"慢慢地抑读，两句之间不能换气，一换气就糟糕了，要营造一种"行行复行行"的回环复沓之韵，诵读的时候应该保持一种慢速的平直调，由听觉而产生一种渐行渐远、关山万重的视像，进而体味天涯行役的枯寂和苍凉。接着是"身向榆关那畔行"，"身"字要重读，与下片的"心"字遥相呼应，突出"身羁行旅、身不由己"的那种沉重的感喟，"榆关"之后要稍顿，"那畔行"三字必须拖着读，气要缓，但要读出一种绵力来，渲染出一种征途遥远、天地苍茫的意境，这意境到了"夜深千帐灯"这一句才结束。这五字要求虚读，声气不可太实，因为是在晚上，夜深人静，不然就出不了"夜深沉、人无眠"的怅惘；"千帐灯"三字不妨拖长一点，"千"字可以唱读，很多诗词是应该唱读的，浅吟低唱嘛，给人提供一副环顾、眺望的画面，这番景象既有边塞辽阔、蔚为壮观的一面，更有梦断关山、孤独凄清的一面。因这"千"字，正是与诗人的"孑然一身"相对的。"千帐"反衬"一身"，就更加烘托出作者寂寥的心境。

再读读下片。下片，极抒思乡之情，情思凄婉缠绵而不失沉郁蕴藉。第一句，"风一更，雪一更"，声气要实一些、强一些，特别是"风"、"雪"二字要重读，显现出风雪肆虐、嘈杂刺耳的氛围；"一更"、"一更"要连读，要读得调缓气长，让人有风雪交加、长夜不绝之感。第二句，"聒碎乡心梦不成"是全词诵读的高潮，"乡心"则是全调的制高点。"聒碎乡心"，读的时候语速渐快、语调渐强，到这个"心"字就戛然而止，表现一种烦躁、困顿的心情；而"梦不成"三个字要读得缓慢一点，不妨用点颤音的技巧，一字一顿，与前面四个字的朗读形成一种声气上的巨大落差，以此来突出诗人乡梦不成、乡心难慰的无奈和伤感。"梦不成"三字的声气可直入词的最后一句，"故园无此声"，"故园"之后稍顿，但不宜换气，营造一种回忆、回味的韵致。"无此声"三字要用舒缓平直的语调唱读，"无"字拉长，"声"字挫读，要读得意沉声柔，相思之情、相思之味在这三字的诵读中让人有回响不绝、回味无穷的感觉。

老师们，对《长相思》的诵读，我们可以从"器"和"用"的层面上去把握，但那是远远不够的。我们更有必要从"道"和"体"的高度看到"诵读"对《长相思》作为一种诗的完形存在的本体价值的守护。我觉得，《长相思》就活在诵读的当下，诵读保护了《长相思》作为一种诗的存在。让《长相思》在诵读中流淌，这不是一个简单的"读正确、读流利、读出感情"的问题，这是对诗作为一种完形存在的深刻尊重和理解。

第三，如果说"诵读"已经在《长相思》的教法菜单中确立了它的本体地位和意义的话，那么，接下去我就更有必要在学生的层面上、在主体论视域中寻找教法的突破口了。你讲得这么多、这么深、这么玄，你的学生要是不买账，你的努力不就全白搭吗？学生才是你的天、你的上帝，是不是这样？（笑声、掌声）

既然诗很难诉诸理性的拆解，既然诗只存在于直观、直感和直觉之中，既然对诗的意解只能接受诗之语言的暗示，用画面去偷换文字，用情绪去揣摩诗意，那么，让学生"意会"，而不是"解释"，就应该是我的一种顺理成章的选择。

记得《红楼梦》第四十八回写香菱跟黛玉学诗，香菱说："据我看来，诗的好处，有口里说不出来的意思，想去却是逼真的；有似乎无理

的，想去竟是有理有情的。"她还举了个王维的例子："我看他《塞上》一首，那一联云：'大漠孤烟直，长河落日圆。'想来烟如何直，日自然是圆的。这个'直'字似无理，'圆'字似太俗。合上书一想，倒像是见了这景的。若说再找两个字换这两个，竟再找不出两个字来。"你看，香菱的悟性多高啊！所以，宝玉听了香菱的讲诗，就不住地表扬她："既是这样，也用不着看诗，'会心处不在多'，听你说了这两句，可知'三昧'你已得了。"

什么叫"会心"？什么叫"见了这景"？就是我现在特别强调的"意会"二字。"意会"这种思维方式，具有很强的直觉内省、体验感悟的情感色彩。用维柯的话说叫"诗性逻辑"，用卡西尔的话说叫"隐喻思维"。在我看来，"意会"是一种比言传更本质、更内源、更真实的生命方式。这种意会，不光基于直感和直觉，还基于联想和想象。事实上，对诗的意会，是一个直觉和想象纠缠不清的过程。

所以，要实现学生对《长相思》的意会，一抓"直觉"，二抓"想象"。具体怎么抓呢？

比方说，反复读题目"长相思"，你有什么感觉？读到"长相思"这三个字，你马上想到的是什么？你最先跳出的感觉是什么？

比方说，一字一句地读读《长相思》这首词，哪些字眼触动了你的心？这些字眼在向你诉说着什么？

比方说，你们发现了吗？词的上片，诗人用了一个"身"字，身体的"身"、身躯的"身"；而在词的下片，诗人又用了一个"心"字，心情的"心"、心愿的"心"。上片"身"，下片"心"，诗人是无意间这样写的吗？在"身"和"心"之间，你看到了什么？你发现了什么？

比方说，闭上眼睛，听老师朗读《长相思》，听着听着，你的眼前出现了怎样的画面？你看到诗人纳兰了吗？他在哪儿？他在干什么？

比方说，"故园无此声"，那么，故园又有什么呢？让我们用想象的眼睛细细地观察纳兰的故园吧。也许，那是一个风和日丽的早晨，在郊外，在青青的原野上，纳兰和孩子一起牵着风筝欢快地跑着；也许，那是一个月光皎洁的晚上，在自家的院子里，纳兰、妻子和孩子们围坐在一起，他们吃着，喝着，说着，笑着；也许，那是一个秋日的午后，从老母的屋里传出咳嗽的声音，纳兰扶着母亲的双肩，妻子端着一碗汤药，母亲的脸上绽出欣慰的笑容……对了，这儿的想象应该用柔婉的音乐衬一下气氛，如果需要安排写的训练的话，这个点是最合适不过的了。

当然，还应该有个拓展设计。要不然，课的容量会流于单薄，层次也会不够丰满。拓展什么呢？对！"故园"既然是全词的精神所在、枢纽所在，那就沿着"故园"这个维度去搜寻拓展资源吧。纳兰词中，就有关于"故园"意象的刻画，譬如：

"忆当时，垂柳丝。花枝，满庭蝴蝶儿"　　　　　　　——《河传》
"忆来何事最销魂，第一折技花样画罗裙"　　　　　——《虞美人》

这类有关故园的意象，在其他古典诗词中也比比皆是，譬如：

共剪西窗烛。　　　　　　　　　　　　　——李商隐《夜雨寄北》
最喜小儿无赖，溪头卧剥莲蓬。　　　　——辛弃疾《清平乐·村居》
忙趁东风放纸鸢。　　　　　　　　　　　　——高鼎《村居》
青箬笠，绿蓑衣，斜风细雨不须归。　　——张志和《渔歌子》
……

当时，我就这样东一榔头西一锤地瞎想、幻想、胡思乱想、苦思冥想、日思夜想，就这样，《长相思》的教学轮廓变得越来越清晰、越来越明朗、越来越丰满。离研讨会还有一个多月，在丹桂飘香的时节，我完成了《长相思》的精神第二变。（掌声）

复归于婴儿

再往下该变什么了？对！该变婴儿了！你看，越变越小，再这么变下去，人都没了！所以，《红楼梦》有首《好了歌》写得好，好便是了，了便是好；若想好，便要了；若是了，便是好；好好了了，了了好好。好不异了，了不异好！（笑声）变成婴儿，就是"了"，就是更高层次、更高境界的一种"好"。后来，我找了些制作《长相思》的图片和背景音乐，因为一直没有形成完整的教学思路，所以也迟迟未做课件，只以积件的方式保存了这些元素；我为课的导入设计了四种风格各异的场景，但都不太满意；拓展的材料也一直未能确定，一会儿感觉材料太多了，一会儿感觉这些材料处在相同的精神高度，拓展的意义似乎不大，一会儿又感觉拓展的链接方式太直，别人都想得到。其实，这也是公开课的一种宿命，别人想得到的，你就不能再想了。要不然，你的公开课谁还愿意听？有人说，学生愿意听。这叫什么？这叫"幼稚"！（笑声）这叫"弱智"！（笑声）这叫"蛋白质"！（笑声）学生愿意听，那好呀，你关起门来，你爱咋样就咋样，你管别人想到没想到，只要学生愿意听，别人管得着吗？但是，拜托，这是公开课，你是准备端出来让人家品尝的，不光有学生，还有成百上千的一线老师，他们请了假、花了钱，风尘仆仆、不远千里来听你的课，他们是抱着期待，抱着取经、抱着能偷点独门秘笈的目的才来的，是不是？你给人家来个开门见山，来个直来直去，来个毫无悬念，来个陈芝麻烂谷子，这不就是坑蒙拐骗吗？（笑声）这种缺德的事儿，咱可干不了！（笑声、掌声）

也许是自己太想追求完美，也许是自己的时间被琐务充填得太过局促，一直到"身向无锡那畔行"的时候，我也没能为《长相思》的教学设计理出一个完整的思路来。

2005年10月23日，在无锡举行的"全国首届中华经典诗文教学观摩研讨会"上，在尚未形成完整、连贯、一气呵成的思路的尴尬中，我执教《长相思》。主持人在舞台上大声宣布：下面，有请全国著名特级教师王崧舟老师为大家做课《长相思》！掌声"哗"的一片，我那颗心呀，"噌"地一下就提到了嗓子眼上。（笑声）为什么？害怕呀！（笑声）害怕也没用啊，该干吗还得干吗呀。（笑声）我就这样一步一挨地走向了舞台，不管前面是地雷阵还是万丈深渊，我都得豁出去了，一个信念——上！（笑声）没想到，真没想到，就在课的行进过程中，思路

竟然自然地、悄然地流淌出来。现场效果，竟然出奇的好！难道真有菩萨保佑？阿弥陀佛！（笑声）

这真是一次从未有过的奇妙的教学体验！

这次异乎寻常的备课经历，让我一下子体悟到很多东西。我惊喜地发现，自己的课堂教学正在由必然王国走向自由王国，过去许多刻意的、需要强有力的意志去设计去驾驭的教学行为、教学策略、教学模式、教学构架已经内化为自己深层的、潜意识的、融入到整体生命中的自然行为了。由教学习性走向教学率性，我进入了一种新的教学境界。而这，是否就是尼采所讲的精神的婴儿态，一个象征着"完美开始"的精神状态呢？

想起了老子的话——"为天下溪，常德不离，复归于婴儿。"（热烈的掌声）

文本细读，徜徉在语言之途

时间 2006 年 7 月 14 日

地点 杭州市拱宸桥小学

活动 第三届诗意语文高级研修班

整理 肖绍国

老师们，上午好！文本细读是我们这个研修班的第一讲。我们这个研修班，不玩虚的，我们没这个胆量玩，你要玩虚的，首先自己的心就虚了，做贼心虚啊！（笑声）不玩虚的，也不玩酷的，为什么？不会玩啊！所以，我们这个班的研修宗旨，第一，不玩虚的；第二，不玩酷的。那么，玩什么呢？不玩，啥都不玩！你是来充电的、来研修的、来提升自己的专业素养的，是不是？所以，我们只来实的，实打实的，如果一定要说玩的话，那就玩个实的吧。什么叫"实"？"实"就是管用，"实"就是可以解决实际问题，"实"就是将理念、理论落实到行动中、落实到实践中、融化到自己的血液中。我们不是"唯实用主义"者，搞诗意语文怎么能奉行"唯实用主义"呢？我们是语文教育的理想主义者、浪漫主义者，但我们不玩虚的，不玩酷的，我们依然诗意地栖居在大地之上。

各位，请特别留意这个"大地"，大地才是我们栖居的唯一家园，不能一说"诗意"就想入非非，就想自己拽着自己的头发离开大地，天马行空，跟那个嫦娥似的，好好的大地不栖居，硬要飞到那个又寂寞又寒冷的月宫里去，过那种人不人、鬼不鬼的生活。（笑声）诗意地栖居在大地上，这句话要在一个统一的语境下才能完整地解读，所以，诗意语文是理想主义和现实主义的统一，是浪漫主义和实用主义的统一，我们是以出世的情怀做入世的事业！（笑声、掌声）那么，我们从今天开始宣讲的所有专题，都是遵循这样一个基本的理念和宗旨，你要入世，你要改变语文教育的现状，你就得有真功夫、真本事，而且，这功夫、这本事不但要真，更要硬！你要夏练三伏、冬练三九，你要闻鸡起舞、悬梁刺股，你要在语文教育中练就一身金钟罩、铁布衫，（笑声）你有了真功夫、硬功夫，你还用怕吗？你还用愁吗？那时你是打遍天下无敌手，笑傲江湖自逍遥啊！（笑声、掌声）

那么，我们要练的第一个真功夫是什么呢？对！文本细读！大家知道，课程改革已经进入到第五个年头了，整个课程改革现在处于一个高原期，或者说胶着期。一方面，课程改革的先进思想、先进理念、先进文化、先进做法、先进经验、先进技术，当然还可以列举出 N 个"先进"来，（笑声）这些先进的东西正在一步一步地走进课程、走进教学、走进教师、走进学生，甚至走进社区和家庭，很好！但是，另一方面，课程实践中的各种问题、各种矛盾、各种局限、各种纰漏、各种形形色色、大大小小的冲突，也正在越来越明显地呈现在我们面前，可以说，机遇和挑战共舞，动力和阻力并存，这就是我所讲的高原期、胶着期。

课程改革要继续向前推进，就必须突破这个高原期、胶着期。我有一个直觉，课程改革走到今天，必须回到原点上来。有人问，那么，课程改革的原点在哪儿呢？我说出来，你们千万不要见笑，很简单的四个字——教材教法。（笑声）我读师范的时候，第三年主要学习教材教法。有老师说，你这不是搞"张勋复辟"嘛！教材教法，那不是一个老掉牙的东西吗？你现在还把它捡起来，还说它是课程改革向前发展的原点，你这是保守、是开历史倒车，这要搁在从前，就是一现行反革命分子啊！（笑声）

我先申明两点，第一，我是个地地道道的改革派，对课程改革，我举双手和双脚拥护。（笑声）第二，回到原点，回到教材教法，不是保守，更不是"复辟"，不能这样理解。这个回不是简单的返回，事实上你也回不去，而是一种扬弃后的回归，是肯定、否定、否定之后的否定，准确地说，是对现行课程改革的一种超越、一种升华！你听听，这样讲是不是舒服多了？（笑声）我一直在教学第一线，我个人觉得，课程改革暴露出来的所有问题，最后都集中在课堂上，是不是？而课堂上的所有问题，说白了，其实只有两个问题，哪两个问题？第一个是教材问题，第二个是教法问题，是不是？你们都在点头，是不是？（笑声）所以就这么两个问题。我们现在有不少老师，要思想有思想，而且很高深；要知识有知识，而且很广博。但是，怎么着？一进课堂，一面对学生，就手忙脚乱，就手足无措，要么变乌龟，要么变鸵鸟。（笑声）

什么原因？缺乏真功夫，缺乏硬功夫！教材这一关他没过，教法这一关他也没过，你让他怎么来个千里走单骑呢？（笑声）他根本就没有教材教法的扎实功夫和深厚修养。所以，看起来花团锦簇、一片绚烂，实际上呢，是金玉其外、败絮其中。

前不久听一位老师上《少年闰土》，课上到最后有这样一个安排，让学生选择你是愿意做"闰土"一样的人还是愿意做"少爷"一样的人。一边是甲方，做"闰土"一样的人；一边是乙方，做"少爷"一样的人。老师一声令下，"哗"！40多号人愿意做"闰土"，愿意做"少爷"的只有两位，好嘛，都不愿意做"少爷"。（笑声）老师一看大势不妙，就赶紧补台说，看来乙方势单力薄，那我就去帮帮乙方，老师跟着做了一回"少爷"。（笑声）

然后双方各自阐述理由，你为什么愿意做"闰土"啊？你为什么愿意做"少爷"啊？结果可想而知，讨论的情况也是一边倒，40多号人，都争着说做"少爷"不好，理由呢？理由太多了！第一，不自由。（笑声）你瞧，做"闰土"多好，下雪了可以到雪地上捕鸟，好玩；夏天到了，可以到瓜地里刺猹，多有意思啊！做"少爷"的，没的玩，不自由。（笑声）第二，"少爷"学到的知识是死的，没用！哪像人家"闰土"，人家的知识，拿来就可以捕鸟，就可以捉跳跳鱼儿，管用！是不是？（笑声）还有第三，"少爷"总是被关在大院子里，养尊处优，将来长大了、出去了，就没法自立，整个一废物。（笑声）争到最后，那两个原来还想做做"少爷"的，也不敢做了，这不都成废物了吗？（笑声）整个课堂就是一边倒，双边主义成了单边主义了！（笑声）弄得老师脸红脖子粗，最后，老师急了，说，别说了，我发表个意见吧，其实啊，系统的知识和丰富的生活都是需要的，做少爷的，尽管他有许多缺点，但是，少爷可以掌握系统的知识啊，闰土行吗？所以，既有系统的知识，又有丰富的生活，这不更好吗？我心说，天呐！这不扯淡吗？这都挨得上吗？（笑声）

老师们，问题在哪儿？依我看，问题就出在"教材理解"上！请问，你有没有好好地琢磨琢磨这句话——"啊！闰土的心里有无穷无尽的稀奇的事，都是我往常的朋友所不知道的。他们不知道一些事，闰土在海边时，他们都和我一样只看见院子里高墙上的四角的天空。"你有没有嚼过这段文字？"无穷无尽"可能吗？明明不可能"无穷无尽"，为什么还要这样写呢？他们真的只能看见"四角的天空"吗？他们明明还能看见许多别的东西，为什么还要这样写呢？故乡，闰土，带给少年鲁迅的到底是一种怎样的精神痕迹呢？这篇小说收在《呐喊》文集中，究竟有着怎样的意图和意味呢？拜托，老师啊，你先把文本读通了、读深了、读透了，你再去忽悠你的学生也不迟啊！（笑声）

所以，我说进入高原期以后的课程改革要突破，就必须重新回到教材教法上来，我们必须重新补上这一课，补上"教材教法"这一课。

"文本细读"，就是针对"教材教法"提出来的。当你练就了"文本细读"这一招功夫的时候，那么，我可以非常负责任地告诉你，教材这一关你就基本通过了。实不相瞒，文本细读这一招是我的看家本领，一般轻易不外传，（笑声）这一招跟"降龙十八掌"似的，胜过许许多多多的花拳绣腿，很管用！（笑声、掌声）但要练得炉火纯青、出神入化，五个字，"比登天还难"！（笑声）

倾听文本的灵魂之响

什么是文本细读？我觉得，文本细读首先是一种方法，一种技术。诗意语文从来不回避具体的方法和技术，不要以为一说诗意，一说诗意语文，它就是虚的、玄的、空的，不是这样的！我们现在很多人喜欢玩思想，杂志上的、报纸上的、尤其是网络上的，很多新锐的、前卫的、高深的、现代的超现代的后现代的后后现代的思想，（笑声）让人目不暇接、眼花缭乱，一说思想，就不得了，为什么？显得自己有学问呀，有理论涵养呀。我没有否定思想的意思，恰恰相反，我认为一个语文老师必须有思想，一个成熟的语文老师必须要有自己的思想，没有思想，没有自己的思想，你的技术再怎么精湛、你的方法再怎么娴熟，你也不过是个教书匠，如此而已。

但是，光有思想是远远不够的，我们不是学院派，不是躲在象牙塔里专门将简单问题复杂化的专家，（笑声）我们是要进入课堂的人，是要天天面对四五十双眼睛的人，是被作业、考试、竞赛这"三座大山"压迫着的人，（笑声）我们更需要技术，真正管用的技术，能够帮助我们推翻这"三座大山"的压迫和统治的技术！（笑声、掌声）而且，你不要机械地认为技术和思想一定是分离的，没有这回事，更多的情况下，特别是充满着实践品格的教育学和课程论，技术和思想往往是统一在一起的。技术是有思想的技术，思想是有技术的思想。没有思想灌注的技术，那是盲目的技术；没有技术支撑的思想，那是苍白的思想。

所以，我想说的文本细读，是一种技术，但它是一种有思想引领、有思想灌注的技术。那么，到底什么是文本细读呢？我不多说了，要谈它的文化背景，它的来龙去脉，它的内涵界定，它的代表人物，三天三夜恐怕都说不完的，我们不说这些，因为，第一，时间不允许；第二，说了对我们也没多大的意义。我想，就用几句类似于格言警句，又容易被我们大家理解和接受的话，来形象地描述一下文本细读吧。

什么是文本细读？用朱光潜先生的话来说，就是——"慢慢走，欣赏啊！"各位知道，这是一句美学名言，大家很熟，是不是？我觉得，把这个"走"字换成"读"字，"慢慢'读'，欣赏啊！"文本细读，首先得慢慢地读，你走马观花、囫囵吞枣、风卷残云、蜻蜓点水，那怎么成呢？你首先要有一种从容的心态，不急不躁、不温不火，慢慢读、慢慢品、慢慢嚼、慢慢赏，那才能读出味道来啊！

用王尧先生的话来说，就是——"在汉语中出生入死。"这话说得太好了，太形象了，太深刻了。有人说，太恐怖了吧？出生入死！？早知那样，不读也罢。（笑声）文本细读，就是要你在汉语中（我们的语文主要是汉语）出生入死，那是一番怎样的灵魂的历练啊？你在文本中出生入死，你的精神、你的生命、你的灵魂就会脱胎换骨，等你从文本中出来的时候，你已经成为另外一个你了。

用南帆先生的话来说，就是——"沉入词语。"你看，短短的四个字，够了！有理不再话多啊！这四个字，就够你品一个上午的时间了，它是一壶上好的清香铁观音啊！（笑声）"词语"这个词语你就得好好品读，（笑声）为什么不说"句子"呢？为什么不说"语段"呢？为什么不说"语言"呢？"词语"，在我们的习惯意识中，那是语言的最小的有意义的单位，是不是？细读文本，就是要细读到最小的意义单位，要一个词语、一个词语地咀嚼。

再说这个"沉入"，这个词语选得真是绝了！沉入，那就是将词语、将文本看作什么呢？对！看作"水"啊！文本是水，这本身就是一个相当传神的隐喻。那么，为什么是"沉入"，而不是"跳入"不是"进入"也不是一个猛子"扎入"呢？（笑声）大家知道，王国维先生是沉湖而死，老舍先生是沉湖而死，根据刘心武先生的考证，林黛玉小姐最后也应该是沉湖而死。注意啊！这个"沉"、"沉入"是有深意的。第一，"沉入"是一个慢慢进入的过程，是不是？慢慢走、慢慢读，很从容，气定神闲的样子，这就是一种境界了。你想，依林黛玉的性格，她能"嘭"的一下扎入湖中去死吗？（笑声）她要死，也得选一种充满

诗意的方式不是？（笑声）第二，"沉入"到了最后，一定是没顶的，是整个身子都浸入水中的。沉入以后，身子跟水那是全方位的接触，"沉入"词语，那么，你跟文本就应该是一种全身心的亲密接触，而不是一种局部的接触。是吧？这就是文本细读啊！

用谭学纯先生的话来说，就是——"穿行在多重话语之间。"一个文本，有着多重话语，而不是只有一个平面的话语，文本的内涵是极其丰富的，是常读常新的，甚至是无限的可能的一种存在，这是第一。第二，细读文本是一种"穿行"的方式，一种类似于"老牛犁地"的深耕细作的方式，而不是像滑雪、滑冰那样一种滑行的方式。它要在文本语言的大地上穿行而过，那是相当费工夫的事儿。

用吕叔湘先生的话来说，就是——"从语言出发，再回到语言。"请注意，文本细读的起点和终点都是什么？对！语言！准确地说，应该是"言语"。在很多情况下，当我们说语言的时候，其实说的是言语。

用夏丏尊先生的话来说，就是——"引发一种对语言的敏感。"这里的关键词是"敏感"，什么是敏感？敏感就是见微知著，就是洞察一切，就是窥斑见豹，就是见人所未见、发人所未发。跟敏感相反的一个词叫作"钝感"。你对文本反应迟钝、甚至麻木不仁，那不行！

用王尚文先生的话来说，就是——"倾听文本发出的细微声响。"注意啊！大的声响，跟打炮、炸雷似的，用得着你去倾听吗？那样的声响，你不想听也得听。谁都听得见，那就不稀罕了。而细微的声响，那就不同了，患有听力障碍的人，那就听不见；心不在焉、一心以为有鸿鹄将至的，那也听不见。而文本中的细微声响，那往往就是文本从灵魂深处发出的声响，因为藏得深，所以声响细；因为传得远，所以声响微。

来自灵魂深处的声响，你只能选择倾听。

用新批评学派的代表人物之一施特劳斯的话来说，就是——"在字里行间阅读。"各位，"字里行间"，这个我们耳熟能详、见怪不怪的词语，值得我们好好细读。你想，字与字之间是什么？是"空白"；行与行之间是什么？还是"空白"。那么，"字里行间"是什么？对呀！是"空白"。你在空白处阅读，你能读出什么呢？有人读到的是空白，那是他没本事；你呢，从空白处读到一种言外之意、弦外之音、空谷之响、韵外之旨，那就是你的本事了。这本事，就叫文本细读。

用哲学大师海德格尔的话来说，就是——"徜徉在语言之途。"什么叫"徜徉"？徜徉就是散步，但是很明显，徜徉比散步要来得高贵、来得雅致、来得富有诗意。现代社会，是一个远离"徜徉"、放逐"徜徉"、甚至不知"徜徉"为何物的时代。想想我们的阅读、我们的语文，不也总是脚步匆匆、神色茫茫的吗？我们的阅读是"忙读"，急急忙忙地读，大家注意这个"忙"字，什么叫"忙"？左边一个"心"，右边一个"亡"，连在一起，心亡了，心死了，心没了，那就是忙！（笑声）因为总是"忙读"，所以最终只能成为"盲读"，瞎了眼睛在读，你读个啥？眼不到，心不到，你还能阅读吗？所以，文本细读，倡导徜徉地读，你在开满鲜花的语言之途散步，目之所及，是人生的一道道风景，让你心旷神怡，让你流连忘返，让你进入一种内在的、生命的澄明之境。（掌声）

有人说，吹吧！吹得天花乱坠、云里雾里的，看你怎么收场？（笑声）文本细读真有那么神吗？真像我前面说的那样吗？要不，咱来个真的，来个真的文本试试看？行吗？（掌声）去年，我因为要重上《小珊迪》（《小珊迪》我在 2002 年上过一次，去年是第二次上，跟2002 年的版本有很大的区别）这一课，就特地为这篇课文写了个文本细读，你还别说，这个文本细读，为我重上《小珊迪》、超越原先的《小珊迪》，起到了非常重要的作用。去年上的《小珊迪》，从整体思路到局部亮点、从思想深度到感情高度，在很大程度上得益于我的文本细读。可以这样说，没有文本细读，就没有超越意义上的新版《小珊迪》。好！咱们废话少说，言归正传。下面，我把自己对课文《小珊迪》的文本细读和盘托出、全盘公开，欢迎大家批评指正。（掌声）

"小珊迪"，注意，这是课题！文本细读应从课题开始。读到"小珊迪"这个课题，你的第一反应是什么？大家都应该生起自己的敏感和警觉，否则，你就卷铺盖走人！（笑声）文本细读，那是要引发一种对语言的敏感呀！我的第一反应，这是一篇写人的文章，然后呢，我就很自然地作出了这样的联想，既然是写人的文章，那么，第一，人物所处的环境，我就要特别加以关注。这个环境，包括自然环境，也包括社会环境。第二，我更要特别关注人物自身的表现。这个表现，包括他的语言、他的动作、他的外貌、他的神态以及他的内心活动等等。这是我的第一反应，然后思考开始了，课题叫"小珊迪"，是吧？但是很奇怪呀，课文在行文中，却从未出现过"小珊迪"的字眼，一次也没有！不信？文本就搁在这儿呢！没有，一次都没有，只出现"珊迪"，注意是"珊迪"，一共出现了6次。各位，这不奇怪吗？这就是文本的缝隙，看起来挺反常、挺不可思议的，这就需要你去细读了。课文当中都叫"珊迪"，课题呢，偏偏叫"小珊迪"，为什么呀？我说过了，要慢慢读，要徜徉啊！现在我们有的是时间，够你花的。（笑声）

那么，你的敏感聚焦到哪个字上呢？当然是这个"小"字喽！我的敏感是什么呢？第一，珊迪的确是个小孩儿，这是从年龄上说。第二，珊迪的身体相当弱小，发育不良啊，（笑声）这就不仅仅是个生理的问题，更是一个生活的问题，他发育不良，那是因为他营养不良；他营养不良，那跟他的社会地位、社会处境就发生了联系，是不是？所以这不仅仅是个生理问题。第三，珊迪在那个社会中的地位相当渺小，他是穷人，他是孤儿，他是生活在社会最底层、最被人瞧不起的人。第四，也是最最紧要的一层意思，实际上，前面的三层意思只是起到了一种蓄势的作用，它要真正言说的意图就在这一层，但是它没有直说，没有明说，它让你自个儿去琢磨。琢磨什么呢？你想，年岁偏小、身体弱小、地位渺小，小、小、小，但是，珊迪的形象呢？在精神意义上、灵魂意义上的形象呢？小吗？不小！不但不"小"，而且应该冠以一个大大的"大"字，是不是？这个人物的精神形象是高大，这个人物的灵魂价值是伟大。但课题呢，偏偏给你一个"小"字，把这个"大"字深深地隐藏起来，调动你的理解和想象，这就具有一种反讽的味道和力量。老师们，你能这样细读课题，才能读出味道、读出神韵来。

"故事发生在爱丁堡"，好，我们的细读进入正文了，有人一读到"故事"二字，马上来了敏感，什么敏感呢？啊?! 原来这个事儿是假的，是虚构的。（笑声）为什么会这样判断呢？很简单呀，因为它是个"故事"呀，故事嘛，当然就是假的喽！你听听，刚才读课题，他没这个敏感，现在一读到这个"故事"，他的敏感就出来了，不出来也就罢了，偏偏出来的还是一种假的敏感、虚构的敏感，这不哪壶不开提哪壶吗？（笑声）

其实，这个敏感是错的！谁跟你说故事都是假的？谁规定故事就必须是虚构的？"毛主席看戏"的故事是假的吗？真的！"三顾茅庐"的故事是假的吗？真的！"九八抗洪"的故事是假的吗？也是真的！当然，故事确实有假的，有虚构的，但是，对于我来说，我宁愿相信"小珊迪"的故事是真的！

好，再说"爱丁堡"。"小珊迪"的故事很奇怪，它没有交代社会环境，它把这个社会环境巧妙地隐蔽起来了，隐蔽在哪里呢？就在"爱丁堡"这个地名里。爱丁堡在哪儿？爱丁堡是英国的苏格兰的首府，是一个相当著名的城市，有着相当丰厚的历史文化积淀。这是这个故事发生的社会环境，千万不要小看爱丁堡，尽管作者只是提了一下地名，但对此我们应有足够的敏感和警觉，另外你不要忘记了，故事中还有这样一个细节，什么细节呢？"卖火柴"。这一细节，设想一下，在今天的爱丁堡，还会有人满大街地卖火柴吗？我看不大会有了。所以，这个细节也可以折射出当时的社会环境。

我们接着往下读，"有一天，天气很冷，我和一位同事站在旅馆门前谈话。"各位，千万不要放过"天气很冷"四个字，千万不要放过！你要细读，你就要沉入词语，对不对？"天气很冷"这四个字，点出了小珊迪所处的自然环境，故事就发生在这样一个环境中。很冷，到底有多冷呢？没有具体描写，但我们应该发挥自己的想象力，去想象天气很

冷的种种感觉、种种滋味、种种反应。这就是在"字里行间阅读"呀！文字给你留下了大片的空白，正好通过你的细读去补充它、丰富它。天气很冷，也许已经冷到滴水成冰的程度了，也许已经冷到寒风刺骨的程度了，也许已经冷到霜气漫天的程度了，总之，你可以结合自己的生活体验和想象，将"天气很冷"这四个字读厚、读化、读成一种自己的生命体验。

我们继续，"这时走过来一个小男孩，身上只穿了一件又薄又破的单衣，瘦瘦的小脸冻得发青，一双赤脚又红又肿。"通过细读文本，我们不难发现，这是故事中唯一的一次外貌描写。不知各位读了什么感觉？我感到心酸。只穿一件单衣，没有第二件了，就一件单衣，还是又薄又破的。试想，在天气很冷的情况下，穿与不穿又有什么区别？这件又薄又破的单衣，与其说是小珊迪用来御寒的，还不如说是他用来遮羞的。

小男孩当下的寒冷，除了"刺骨"还能怎么形容呢？寒冷穿透他破旧的单衣、穿透他单薄的身子，直刺他的骨头啊！我们再看，"小脸发青，赤脚红肿"，头上写一笔，脚下写一笔，笔墨非常集中、非常吝啬。是不是？（笑声）这个叫抓住典型细节，只有集中而典型的言说，才能产生震撼人心的力量。不难想见，小脸发青，赤脚红肿，孩子受冻绝非一天两天了。要敏感，文本细读一定要敏感，不然就读不出什么味道来的。

有人说"白话文白话文，就是明白如话的文"，都明白如话了，还用得着这么费心地读吗？其实，这是现代白话文运动的一个误区、一种错觉。说出来的是话，写下来的是文，有这么简单的事儿吗？你怎么说就怎么写，将口语和书面语混为一谈，不知误尽了多少天下苍生啊！（笑声）这个我们不展开，我只是想提醒各位，白话文也要细读、也要品读，不然，白话文就真成白开水了。（笑声）我细读文本到这个地方，就在旁边注上"一哭！"二字。

既然有一哭，就会有二哭，是不是？我们接着往下读，"他对我们说：'先生，请买盒火柴吧！''不，我们不要。'我的同事说。'买一盒火柴只要一个便士呀！'孩子可怜地请求着。"你可以留意珊迪的请求，也可以关注珊迪的可怜，这些都是可以的，文本细读并没有一个具体的规定，说你必须这样读不能那样读，根本不可能有这样的规定，它是个很主观、很灵动的事儿。

我呢，我特别注意了"只要"这个词儿，说明什么？说明火柴的价格已经很低很低了，对不对？一盒火柴只要一个便士，只要一个便士呀！在英国的货币体系当中，便士、先令、英镑，都是基本的单位。十二个便士等于一个先令，十二个先令等于一个英镑。所以，你留心一下后面的一个细节，故事中的那个"我"，不是给了珊迪一个先令嘛，他只要付出一个便士就可以买到两盒火柴，对不对？那么，珊迪应该找给"我"几个便士呢？对，十一个便士。故事对这个细节有没有交代呢？有的！后来，珊迪的弟弟不是找到了"我"嘛，他这样对"我"说，这是您那个先令找回来的四便士。不对呀，应该是十一个便士呀。那么，还有七个便士呢？你看，小利比就接着解释，"一辆马车把珊迪撞了，他的帽子找不见了，火柴也丢了"，注意，紧接着还有一句很重要的话，怎么说来着？"有七个便士也不知哪儿去了。"你看，四个加七个，不多不少，正好十一个便士。这个细节，对表现小珊迪的人品和精神，同样非常重要、非常具有震撼力！所以，文本细读，就要这样细致入微、见微知著地去读、去嚼才行的。

"'可是，我们并不需要火柴。'我对他说。小男孩想了一会儿，说：'我可以一便士卖给你们两盒。'"注意这里的"想了一会儿"，这个地方，我觉得各位也不妨"想一会儿"，（笑声）想什么呢？第一，"一便士卖两盒"意味着什么？意味着打对折呀，意味着降了50%啊，意味着收入少了整整一半呀！这要搁在今天，你看那些商家怎么宣传？血拼价呀，跳楼价呀，自杀在眼前呀！（笑声）第二，这么个对折价，对可怜的珊迪又意味着什么？说实话，这个价格，对于普通人来说也就罢了。可是，不要忘了，对于一个穷极了的孩子来说，就不是一件简单

诗意语文

124

的事儿了。打一次对折，本钱还能保得住吗？可是，不这样行吗？不行啊，请人买火柴的可能性就更小了。身无分文，拿什么充饥？拿什么御寒？一分钱逼死英雄汉，可怜的孩子！这个决定，对珊迪来说是多么艰难、多么痛苦啊！所以，他不得不"想了一会儿"。我在旁边注上俩字——"再哭！"

接着，"为了使他不再纠缠，我打算买一盒。但是当我掏钱的时候，却发现没有零钱，于是对他说：'我明天再买吧……'"你看看，真正让我下决定买火柴的原因，不是那个对折价、那个跳楼价，而是这样四个字——"不再纠缠"。你烦不烦呀！你讨不讨厌呀！你有完没完呀！这四个字，实际上是一种侧面的烘托，你看，现在的"我"对珊迪就是这么个态度。可以说，这个态度并非只是"我"一个人才有，这是那个社会、那个时代对珊迪似的那批人的一种普遍的态度。

故事写得很有波折，所谓"文似看山不喜平"啊！是不是？就买火柴这件事而言，你看，先是不想买，因为不需要，这是第一折；然后，珊迪打对折，恳请对方买，"我"呢，为了使他不再纠缠，就决定买了，这是第二折；再然后，"我"发现没有零钱，又决定不买了，这是第三折。就这样曲曲折折地写来，把你的心一次又一次地揪起来。

"'啊！请您现在就买吧！先生，我饿极了！'小男孩乞求说，'我可以给您去换零钱。'"老师们，注意啊，此时，饥饿、寒冷正在一阵紧似一阵地向珊迪袭来。珊迪不得不由开始的请求转为乞求，这是饥寒交迫之下的乞求，是遭人冷眼冷语下的乞求。你听一听珊迪乞求的话：第一，全都是短句，"啊"，一个字，"请您现在就买吧"，六个字，"先生，我饿极了"，四个字，都是短句，短得不能再短，为什么？你嚼一嚼，这里有乞求的无奈，这里有饥饿的无力，这里有寒冷的无助。第二，你注意，这句话，你要引起高度警觉。"啊！请您现在就买吧！先生，我饿极了！"连用了几个感叹号？三个，整整三个。这里与其说是一求三叹，不如说是一哭三叹啊！一个短短的"啊"字后面，有着多少悲凉、多少凄切、多少苦难啊！第三，到了这个时候，珊迪才不得不说出打对折卖的真正原因。真正的原因是什么？三个字——饿极了！这三个字，第一次没有说，第二次没有说，直到第三次，实在没有办法了，珊迪才乞求着说了出来。饿极了！这是怎样的饿？我们都不曾体验过，是饿到了极点，是饿到了无法忍受的地步，是如果再饿下去就要出人命了。而我觉得，这样的语言用来描述珊迪的饿极了，苍白得几乎没有任何意义。

这就是语言的痛苦啊！在"饿极了"的旁边，我注上了"三哭"二字。

显然，正是"饿极了"这三个字触动了"我"，于是，"我给了他一先令，他转身就跑了。"好心人终于动了恻隐之心，当然，我们最不能放过的不是那个"我"，而是"珊迪"。这里，珊迪有一个动作，"转身就跑"，再浓缩一下，那就是"跑"。一个字，一个动作，一个极其不显眼的细节——"跑"！转身就"跑"！各位，你们留意过这个"跑"字吗？你们细读文本的时候，你的目光在这个"跑"字上驻留过多长时间呢？一秒？五秒？一分钟？五分钟？底下有人说了，就这么一个字，五分钟？至于吗？傻不傻呀？（笑声）

而我想说，这个"跑"字，实在是太要紧了！你想，他为什么转身就跑？因为他饿极了；他为什么饿极了？因为他穷得身无分文。他为什么不"走"？他要是"走"，那么，他就不是珊迪了，肯定不是！珊迪一定"跑"、必须"跑"、只能"跑"，是不是这样？这是人物的性格逻辑、命运逻辑。这一跑，跑出了珊迪的多少悲凉、多少凄切、多少苦难。这一跑，将珊迪的贫穷推向了一种极致。在"跑"字旁边，我情不自禁地注上了"四哭"二字！依我看，一个人到饿极了、穷极了的时候，会出现怎样的情况呢？骗？偷？盗？抢？铤而走险？不择手段？杀人越货？穷凶极恶？廉耻可以不要！尊严可以不要！人格可以不要！只要钱，这是人要生存的本能啊！

故事再起波澜。你看，珊迪转身就跑，结果呢？"等了很久也不见他回来，我猜想可能上当了。但是当我想到孩子那诚恳的面容，想到他

那使人信任的神情，我断定他不是那种人。"这段话有意思！第一，"我猜想可能上当了"，这样的猜想太合常理了。对不对？换了我，我也这样想，而且连"可能"二字都可以不要，就是上当了！第二，"我断定他不是那种人"，这样的断定却是极不合理的。凭什么？你凭什么作出这样的断定？凭诚恳的面容吗？凭使人信任的神情吗？行文至此，珊迪的面容、珊迪的神情可曾给你诚恳的感觉、可以信任的感觉？有吗？哪里有啊?！他留给人们的只是一张冻得发青的瘦瘦的小脸，只是一双冻得又红又肿的赤脚，是不是这样？现在冷不丁地冒出一张"诚恳的面容"、一副"使人信任的神情"，然后再冷不丁地作出这样一个断定，你不让大家都"冷不丁"吗？（笑声）在我看来，这是本文的一大败笔！完全没有必要在这个节骨眼上插入这么一句充满着道德说教意味的话。明智的做法是，让人物自己去说话，让人物按自己的生活逻辑和性格逻辑去演绎故事情节。我们尊重文本但又不拘泥于文本，这也是文本细读的一个重要原理。

　　"晚上，旅馆的人说，有一个小孩要见我。小孩被带进来后，我发现他不是那个卖火柴的小男孩，但可以看出是他的弟弟。""他的弟弟"长什么模样儿？这句话里面就含着很多有价值的信息。不是说哥俩儿一定长得很像，当然这种可能性也存在。你要想象，比如，他们一样的穿着又薄又破的单衣，一样的冻得发青的瘦瘦的小脸，一样的冻得又红又肿的赤脚。这才符合生活逻辑。是不是？

　　"这个小孩在破衣服里找了一会儿，然后才问：'先生，您是从珊迪那儿买火柴的那位先生吗?'"这句话中有个非常传神的动作描写，哪个？"找了一会儿"的这个"找"字。他在找什么？显然是四个便士。但是，为什么要找呢？

　　这让我想到了鲁迅写的《孔乙己》，孔乙己口袋里有钱的时候，他去咸亨酒店买酒，这个铜钱是怎么出来的？是"排"出来的，一个一个排出来，是不是？说明什么？我有钱啊！我阔绰得很啊！但是后来，他的腿被打断了，他穷得只能靠窃书为生了，他再去咸亨酒店买酒，那个铜钱又是怎么拿出来的？不是拿出来的，也不是排出来的，而是哆哆嗦嗦地从口袋里摸出来了。从"排"到"摸"，表面上看不过是拿钱动作的一个小小的变化，背后呢？实质呢？那是人物命运的重大改变啊！而这里出现的这个拿钱的动作——"找"，不也是人物性格、故事主旨的一个重要的信号吗？为什么要"找"，而且要"找了一会儿"呢？

第一，也许是衣服太破了，连藏钱都显得有点困难，因为藏得困难，自然拿出来的时候就需要找一会儿。第二，也许是这四个便士对小利比来说，实在是一笔不小的财富，事先他得仔细藏好，现在他就得找一会儿。第三，也许是小利比已经意识到，这是自己的哥哥用鲜血甚至是用生命换来的零钱，怎能不把它们藏好呢？又怎能不找一会儿呢？不管你怎么解读，人物的性格、故事的主旨总是如影随形一般地跟着你。

"'是的。''这是您那个先令找回来的四便士。'小孩说，'珊迪受了伤，不能来了。一辆马车把他撞倒，从他身上轧了过去。他的帽子找不到了，火柴也丢了，有七个便士也不知哪儿去了。说不定他会死的……'"真相终于大白，谜底终于解开！等了很久也不见他回来，结果竟然会是这样！而这个结果，充满了血腥、充满了泪水、充满了浓重的悲剧意味。写小利比，实际上还是为了写小珊迪，在这里，小利比不过是小珊迪的一个影子。这不仅因为他俩之间有着一层天然的血缘关系，更是因为他们之间还有一种深刻的精神层面的影响在。小利比的懂事、早熟，这个我们通过这段话完全能够解读出来。小利比的这种性格，不正是小珊迪的性格特征的一种投射吗？

谜底虽然解开了，但故事不可能就这样结束，因为高潮尚未来临。于是，"我让孩子吃了些东西，然后和他一块儿去看珊迪。这时我才知道，他俩是孤儿，父母早就死了。"这句话直接点出了小珊迪的身世、家境和社会状况。特别是一个"早"字，背后藏着多少辛酸、多少悲惨、多少苦难啊！父母早死一年，意味着兄弟俩早受一年的饥寒交迫，早受一年的无依无靠，早受一年的屈辱痛苦。"早"字让我不得不注上"五哭"二字啊！

但是，在这样的家境、这样的环境下成长起来的两个穷人家的孩子，面对突如其来的苦难，却顽强地表现出作为一个人的尊严、纯真和善良。

你看，"可怜的珊迪躺在一张破床上，一看见我，就难过地说：'先生，我换好零钱往回跑的时候，被马车撞了。我的两条腿全断了，就要死的。小利比，我可怜的弟弟！我死了你怎么办呢？谁来照顾你呢？'"珊迪的形象，至此已经跃然纸上。全文第二次出现了"跑"字。前面的第一个"跑"字是直写，第一个"跑"，将珊迪的饥饿、寒冷和贫穷推向了极致；而现在这个"跑"字是曲写，是从珊迪的口中说出来的。那么，这个"跑"字，对珊迪的命运意味着什么呢？对完成珊迪这个人物的形象刻画意味着什么呢？对故事的由蓄势转向高潮又意味着什么呢？这是我们细读文本时必须加以认真思考和琢磨的。其实，大家不妨做一个简单的设想，假如珊迪换好零钱不是往回跑、而是往回走，那么，悲剧还有可能发生吗？我曾经听一位老师上过《小珊迪》，他在处理这段文字的时候，将矛头转向了马车和车夫，认为那个社会、那个车夫冷酷无情。我觉得，这样的处理是不对的。从良心上说，我们谁都不希望小珊迪被马车撞死，是不是？但是，我在这里说一句非常残忍的话，故事的发展逻辑、人物的性格逻辑是不以读者的意志为转移的。珊迪在此刻只能死、必须死，这就是悲剧，这就是悲剧的意义和价值。也只有这样的悲剧力量，才能震撼每一个读者，才能将文本的思想意义和价值含量最大化！"跑"导致车祸，车祸导致死亡，死亡导致人物形象和性格的升华。想一想，如果是"走"呢，珊迪还会失去生命吗？但是，珊迪可能往回"走"吗？不可能的！为什么？因为，他很清楚，叔叔正怀着疑惑的心情等着他；因为，他很清楚，在多数人的眼中，像他这样的孩子、这样的人是被列入小偷、骗子、社会渣子之流的；因为，他很清楚，只有在最短的时间内将零钱还到那位叔叔的手上他才心安。

所以，"跑"是珊迪性格的必然选择，"跑"是珊迪这个人物形象的逻辑宿命。在跑中，在车祸中，在死亡中，珊迪完成了他作为一个人的最高纯真和善良，完成了他超越苦难之后的全部尊严和高贵。这才是《小珊迪》这个文本要言说的价值。

"我握着珊迪的手，对他说：'我会永远照顾小利比的。'"至此，一个曾经被人怀疑、被人鄙视的小男孩，展现了他全部的灿烂的人性的光辉。沐浴在这种光辉里的人，没有理由不感动，没有理由不震撼，没有理由不承诺。所以，我们应该升起这样的敏感来，文中的"我"，只是用手在握珊迪的手吗？不！显然不是！"我"是在用自己的心、一颗感动的心、震撼的心、向善的心在握珊迪啊！"我"握住的仅仅是珊迪的手吗？不！不是的！"我"握住的一定是珊迪的心啊！一颗善良的、诚实的、纯真的、高贵的心！文本细读至此，受到感动和震撼的仅仅是"我"吗？不！不是的！还有谁呢？还有你，还有他，还有我们大家。是我们，是每一位有着纯真的、善良的心灵的人！我们一起握住了珊迪的手。老师们，真的生活在此！真的文学在此！用巴金老人的话来说："我们有一个丰富的文学宝库，那就是多少代作家留下的杰作，它们教育我们，鼓励我们，要我们变得更好，更纯洁，更善良，对别人更有用。文学的目的就是要人变得更好。"（掌声）

"珊迪听了，目不转睛地看着我，像是表示感激。突然，他眼睛里的光消失了。他死了。"的确，珊迪眼睛里的光是消失了，而且永远消失了。但是，我们说，珊迪身上所闪耀的人性之光却没有消失，也不可能消失。这一道美丽的高尚的人性之光，将照耀和温暖每一个和珊迪有过精神相遇的人！（掌声）所以，文本细读，相遇的不光是语言文字，更是人与人的精神。每一次细读，就是与一个个高尚的灵魂促膝而谈，都是一次高尚的精神洗礼、心灵享受。每一次细读，进入的是一个"你"，在进入中你出生入死，你脱胎换骨，出来的时候，你已经成为另一个"你"，另一个比从前更纯真、更良善、更高贵、更幸福、更有人生智慧和激情的"你"！文本细读的终极意义就在这里啊！（掌声）

课文读完了，我们的文本细读是否也就到此为止了呢？不是，其实，文本细读的"细"字，是很容易被人误读为"细碎"之"细"的。而我们前面的文本细读，也确乎显得有些细碎，是吧？其实，文本细读，不光需要微观层面的细腻地读，也需要中观层面的细致地读，还需要宏观层面的细心地读。这三者，应该成为细读的一个有机的整体。

那么，从宏观的层面细读《小珊迪》这个故事，我们还能读出些什么来呢？

第一，作者不惜浓墨重彩地言说小珊迪的贫穷。这一点，我们必须要有足够的敏感。在故事中，光是明的言说就不下十处之多。诸如：外貌描写、可怜地请求、想了一会儿、乞求、转身就跑、找了一会儿、帽子找不到了、他俩是孤儿、躺在一张破床上、谁来照顾你呢，等等。还有很多是暗的言说，比如：为什么不去上学、为什么不进医院抢救等等。这样对珊迪的贫穷所作的多层面、多视角、多手法的描写，深层的寓意和取向是什么？

第二，故事选择了第一人称的言说角度。选择这样一个角度，好处是什么？首先，当然是真实可信，我说跟他说，一个是在直接说，一个是在间接说，可信度一样吗？其次，我说是一种在场的说，我进入故事，成为故事中的一个角色，于是我的种种感受、种种体会、种种表达就成为故事本身的一个有机部分，感染力自然就更强一些。最后，我对于珊迪态度的变化，从开始的远离厌恶到后来作出了承诺，这种变化，又很自然地成了对珊迪这个形象的一种衬托，而这种衬托使珊迪这个人物形象变得更加丰满和立体。

第三，珊迪的形象要素是不能彼此分离的。他的贫穷、他的诚实、他的善良是融为一体的，诚实和善良正是在贫穷的语境下才越发显出熠熠生辉的人性光泽。想想看，我也诚实，我也善良，但是没人会来写我啊。（笑声）如果命运把你推向了苦难的深渊，你穷得身无分文，你甚至面临着死神的威胁，这个时候，你还能像珊迪一样诚实吗？你还能像珊迪一样善良吗？大家都不妨真诚地作一番扪心自问！反过来，贫穷本身却因了珊迪的诚实和善良，成为人生的一笔宝贵财富。老师们，要让我们的孩子知道人生多磨难，不要以为现在过着饭来张口、衣来伸手的生活，就一辈子都能永远过这样的生活。说不定哪天剩下一个孤独的你，贫穷的你，无依无靠的你，看你怎么办？面对苦难，你如何抉择？是苦难战胜你，还是你战胜苦难？小珊迪的故事，正是给了我们一种战胜苦难、超越苦难的力量。

怎么样？这就是文本细读的巨大魅力，现在，你相信了吧？我没有骗你吧？（掌声、笑声）各位，当你完成了这样的文本细读，你去上课吧！面对课堂，面对孩子，你没有理由慌张，你没有理由胆怯，你底气十足，你左右逢源，你游刃有余，你出神入化。为什么？因为《小珊迪》已经全部装在你的心里了，因为这个文本已经全部兑换为你深刻、深厚的生命体验了，因为你和文、文和你已经打成一片、融为一体了。这个时候，你可以在学生面前大喊一声，谁是语文？我是语文！（掌声、笑声）

六经注我

好！刚才我们一起细读了一个带有实验性质的文本《小珊迪》。相信大家对文本细读这种极具思想含量的语文技术有了相当感性、相当具象的理解，是吧？其实，文本细读既涉及到一系列深入、细腻地解读文本的方法，也关系到我们面对文本时所持的姿态和立场。从某种意义上讲，正是细读姿态和立场决定着你具体的细读方法和策略。那么，文本细读有着哪些姿态和立场呢？根据我的研究和理解，我觉得不外乎这样三种姿态，第一种是"作者崇拜"姿态，第二种是"读者崇拜"姿态，第三种是"文本崇拜"姿态。三种姿态各有利弊，各有存在的理由和价值，而且在具体的文本细读实践中，三种姿态往往相互渗透、相互交融，共同发挥作用和影响。

下面，我先举个以"作者崇拜"为主要姿态的文本细读。这个文本叫作《桂花雨》，是台湾著名作家琦君的作品。细读者是我双名工作

文本细读，徜徉在语言之途

室的一个弟子，来自金华师范附属小学 的王春燕老师。下面，我给大家读一读王春燕写的这个文本细读——

人教版第九册第二组课文选编了三首诗词，三篇散文，均是游子们思乡怀乡的绝唱。《桂花雨》就是其中一篇，描写了作者对童年的摇花乐的美好回忆和深深的怀念，表达了对家乡思恋、挚爱的思想感情。

如何上好这样一篇情韵绵邈、意味深长的散文，把握其内在的精、气、神？这要从文本细读做起。

我通过对琦君散文集《桂花雨》、《水是故乡甜》、《往事恍如昨》、《母心·佛心》、《烟愁》等的详细阅读，再对教材文本进行了细致地语义分析，从而实现了对文本意义较为准确的解读。

一、琦君散文解读集萃

1. 作者琦君简介

琦君，原名潘希真，1917 年生于浙江温州瞿溪镇，1928 年跟随父亲来到杭州，1949 年迁至台湾，1996 年定居美国。阔别故乡 57 年后，于 2001 年秋天回到了梦绕魂牵的故乡温州，2004 年到台湾居住，现年 89 岁。

自 1954 年起，琦君先后出版《琴心》、《七月的哀伤》、《橘子红了》《三更有梦书当枕》、《桂花雨》等散文小说三十余种。美国《读者义摘》曾选用埼君的散文二十多篇，她是华语作家中被选用文章最多的人。

2. 琦君散文神韵

琦君写得最好最多的是怀乡思亲的散文。正如《烟愁》后记中写的："每回我写到我的父母家人与师友，我都禁不住热泪盈眶。我忘不了他们对我的关爱，我也珍惜自己对他们的这一份情。像树木花草似的，谁能没有根呢？我常常想，我若能忘掉亲人师友，忘掉童年，忘掉故乡，我若能不再哭，我宁愿搁下笔，此生永不再写，然而，这怎么可能呢？"琦君虽然离开了故乡，但她的心永远爱恋着故乡。她那广博的心灵，总是落实到眷恋的童年、母亲、故乡的土地上。琦君心灵中的故乡，就是她的生命之根！

琦君的散文似小说，记人叙事从最细微处着力刻画，情真意切且意蕴深远，强烈的画面感随着叙述语言不断放映在读者脑海里。读琦君的散文，把握三个字"诗""禅""情"，即可领悟其神韵。

（1）"诗意"："若能杯水如名淡，应信村茶比酒香"（琦君恩师夏承焘诗句）。琦君散文，只看标题，就能感觉到缠绵的诗情——《往事恍如昨》、《一回相见一回老》、《三更有梦书当枕》、《细雨灯花落》、《水是故乡甜》……再细品，更觉每一言、每一语，并无雕琢，却又发自内心深处，情真意炙，当真是"村茶胜酒"。读琦君散文，就如饮一杯醇茶，淡香满怀，涤荡身心。

（2）"禅意"：琦君信佛，但并不拘泥于崇奉某种形式，而是坚定了一颗向善的心。"宽容、慈爱、戒杀生"等主题随处可见，不念佛语却心中有佛。琦君从小就为母亲的和善、温柔折服，这种和善温柔植根于琦君的字里行间。

（3）"情意"：诗意是琦君散文的气质，禅意是其风骨，情意是其灵魂。"任何景语皆情语"在琦君的散文中体现得尤为突出。无论以什么为素材，几乎都是无情不下笔，下笔便不再有"看山是山，看水是水"的境界，故土的一山一水，一草一木，都有故人的身影。思念之情喷薄而出之际，时光也似乎在倒回。联想琦君身世，如飘零的浮尘，我们便不难理解琦君散文的情之所牵，意之所系了，一如绿叶对根的情意。琦君正是用这种深入灵魂的情意来书写对亲友、对故土、对逝去的岁月那无可替代的爱。

琦君的散文，无论写人、写事、写物，都在平常无奇中含蓄至理，在清淡朴素中见出秀美。她的散文，不是浓妆艳抹的豪华贵妇，也不是粗服乱头的村俚美女，而是秀外慧中的大家闺秀。琦君的散文，唤起了我们年少时期的梦想与纯真。从她细腻的文笔中，我们发现原来平凡的生活里，积累了许多情感和思念，这些从来都不曾遗忘过，只是尘封在记忆的最深处。这样的感动永远在我们的心上，久久不能忘怀。

二、《桂花雨》文本细读

1. 《桂花雨》全文共八个自然段，729 个字，两个"二会"生字，带星号的略读课文。

2. 本文选自琦君散文集《桂花雨》，作者惯用的怀旧笔法，抒情的笔调，写下对亲人的思念和对故乡的怀念。文笔疏淡有致，令人回味再三。

3. 自 1949 年去台，故乡的一景一物，每一人、每一事，不但未与琦君渐行渐远，反而因思乡情愁，越发想念。所以在"每逢佳节倍思亲"的中秋时节，总是想起故乡幽幽清香的桂花。这盛开的何止是桂花？这是琦君思念故乡的心之花！

4. 全文"摇"字共出现十三次。一个"摇"字，摇出了朵朵完整、新鲜的桂花，摇出了清香迷人的桂花雨，摇出了满头满身都是桂花香气的人们，摇出了一杯杯飘散桂花香气的清茶，摇出了一块块浸在桂花香中的糕饼，摇出了我童年的欢乐和喜悦，摇出了故乡的亲切与温馨，也摇出了我片片相思意、朵朵思乡情……一个"摇"字，凝聚了童年之乐，故乡之亲。

5. 全文"香"字共出现八次，写家乡院子桂花带有"香"的句子共五句，涉及香之味、香之韵、香之形、香之情……

6. "全年，整个村子都浸在桂花的香气里。"这句中的"全年"、"整个村子"从时间、空间的角度巧妙地写出了桂花带给人们、家乡的欢笑、快乐。以"浸"写"香"，化无形为有形，更是神奇地把琦君及家乡亲人们整个身心融于桂花香气的幸福感受展现无遗，与题目"桂花雨"遥相呼应。同时，浸润桂花雨中的香甜感受为反衬作者如今的思乡情愁打下伏笔。

7. "这里的桂花再香，也比不上家乡院子里的桂花。"是文章的点睛之笔，是"桂花"语境下"月是故乡明"、"水是故乡甜"的又一生动意象。

8. "桂花雨"，是迷人的雨，是快乐的雨，是香飘四野的雨；如今，桂花雨，更是回忆之雨，更是思乡之雨，更是飘散着浓浓乡愁的雨！

以上就是王春燕老师所写的《桂花雨》文本细读。我照着原稿念了一遍，这个细读稿子从结构上看，很清楚，就是两大块，第一块是"琦君散文解读集萃"，第二块是"《桂花雨》文本细读"，是不是？其实，两块内容这么安排，是很费了些工夫的。第一，顺序不能调换，"琦君散文解读集萃"为对《桂花雨》的文本细读提供了一个宏大语境和期待视野，从因果关系上看，是先有第一块后有第二块，是吧？第二，两块内容有着一种内在的、逻辑上的紧密关联，它们都统一在琦君散文、尤其是她的思乡散文的特点和神韵中。一个在面上体现，一个在点上展示。

那么，为什么说这个细读稿子比较集中地体现了作者崇拜的细读姿态呢？我想，明眼人应该能够一眼看出个中的端倪来的。王老师为什么要这样安排细读稿子的结构？为什么要用近一半左右的篇幅来说明和阐述琦君散文的特色和神韵？为什么在细读《桂花雨》时，没有面面俱到、事无巨细，而是只抓了文本中最具琦君散文神韵的几个意象和细节？这一切，只能说明一个问题，那就是王老师在文本细读时所秉持的"作者崇拜"的姿态和立场，即所谓的"六经注我"而不是"我注六经"。秉持这种姿态的读者，意在通过文本细读，尽可能准确而忠实地还原和把握作者的创作意图和价值。

作者死了

但是，作者的创作意图和价值真的能够原封不动、原汁原味的加以还原和复活吗？鲁迅先生说过，一部红楼，单是命意，就因读者的眼光而有种种：经学家看见易，道学家看见淫，才子看见缠绵，革命家看见排满，流言家看见宫闱秘事。你瞧，哪是曹雪芹的原意啊？所以，在没有读者介入之前，文本作者的创作意图将会栖居何方呢？于是，随着接受主义美学理论被我们不断接受，另一种细读姿态就横空出世了，那就是"读者崇拜"姿态。这种姿态，毫不客气地将细读的重心由作者移到了读者身上，并且毫不客气地宣称，文本一经诞生，作者就已经死亡。（笑声），而文本的意义，在读者没有介入之前，毫无意义。读者，只有读者，才能拯救文本、拯救作者，读者才是阅读世界里的上帝。（笑声）

好！下面我再念一个细读稿子，作者是我双名工作室的另一个弟子，叫徐俊，在温州市建设小学工作，他细读的文本是辛弃疾的词——《清平乐·村居》。我个人觉得，这个细读稿子基本秉持的就是"读者崇拜"的姿态。我给大家读一读——

人是有惰性和钝性的。比如阅读。能看电视（权当广义的阅读吧）的就不愿意读书，能读现代文的就不愿意读古文；形象有趣的愿意多品读、多玩味，艰涩难懂的读个大概就想跳过去。再比如研究教材，似乎又有如此理。我大概就是这样的人，也就未能免俗。虽然时时为"挑战自我"计，也会专门啃些硬骨头，去琢磨些比较深奥的，或者说内涵比较深刻、意蕴比较丰富的教材，但更多的时候更喜欢那些读来让我不禁欣然或潸然的文章。但这样做往往是有一种上当的感觉，就像看电视，看了才知什么叫浪费生命。很多时候，打第一眼就让我满心欢喜的文章，到头来却总是让我欢喜让我忧。辛弃疾的《清平乐·村居》就是让我一见钟情的，现在也让我爱悠悠恨悠悠。不过既然选了，而且是打第一眼就喜欢的，我想还是好好做下去吧，总会有峰回路转、豁然开朗的时候的。

说对这首《清平乐》一见钟情，并不恰当，初读这首词，我并没有多少感觉，更谈不上喜欢，只是读到后来，读到"最喜小儿无赖，溪头卧剥莲蓬"，觉得甚是可爱，妙趣顿生，由此喜欢上了《村居》，看到了另一个稼轩先生，可谓是爱屋及乌吧。由此，有了三读《清平乐》。

一、一支浪漫的儿戏曲

我常自诩是个痴人，痴痴地看音乐，痴痴地听图画，痴痴地游荡在文字中……后来才知，原来痴人颇多。我想，痴人们大概都知道，央视有个栏目叫《音画时尚》，它把动听的音乐变成了看得见的美丽；痴人们也会惦记中央台的《电视散文》、《电视诗歌》，那是把优美的诗歌散文变成看得见的感动；痴人们更不会忘记孤灯苦雨后，夜半三更时的《子午书简》，那是我们在文字里梦游的开始。

我一读《清平乐》，头脑便是这等简单。由"最喜小儿无赖，溪头卧剥莲蓬"，我看到了一支浪漫的儿戏曲，如同跟幼安先生玩了一回"音画时尚"的游戏。有人言，全词借"清平乐"之牌，书"村居"之事，更兼稼轩先生一代词圣，其词必是充满田园气息，乡野乐趣应是洋溢其间，为何我的眼里独"小儿"浪漫？人也说"情文相生"，我读词亦不喜苦读，便养成了读书喜走马观花、浮光掠影的恶习。若非有声有色、有形有情之文字，断入不得我眼。因此，不怕得罪了稼轩先生，目光匆匆掠过"茅檐、溪草"，耳旁轻轻飘过"酒香、吴音"，又见两小儿"锄豆、织鸟笼"之后，我仍未觉"村居"有何妙处可言，寻常耳。忽地却闻一阵嬉笑，犹如天籁之音，细一听，好生淘气顽皮，低头忙看，原是一小儿溪头卧剥莲蓬，席地而"卧"，乐不可支，手舞之，足蹈之。我不禁叹曰：好一个稼轩先生，好一支浪漫儿戏曲啊。掩卷闭目，"无赖"小儿跃入眼中，嬉笑逗乐不绝于耳，难怪乎"最喜小儿无赖"啊，想必稼轩是"情动"哉，"辞发"乎。

我因而爱屋及乌，爱上了整首词，决定"批文以入情"。谁知再翻开书来，越读越觉浪漫。

"最喜小儿无赖"当然不错，无忧无虑，顽皮天真之模样人见人爱，"卧"相更令人忍俊不禁。农家庭院生活场景却是由"大儿锄豆溪东，中儿正织鸡笼"缀出。清溪环绕的农庄里，溪东大儿在豆地里锄草，似有"种豆南山下"的悠闲气；溪畔，半大的孩子在院里树下编

织鸡笼，眼前跃然着一幅鸡啄鸭嬉鹅悠之趣图，耳畔仿佛传来流水潺潺伴着"曲项向天歌"。最小的孩子在溪头趴着，悠闲地剥着莲蓬，无忧无虑、天真活泼，何等的调皮，何等的自在啊！"最喜"即表达了他对小儿的喜爱之情，这喜爱之情缘于小儿的可掬憨态，然这"最喜"更来自这样安详的农家儿郎的生活状态给作者带来的愉悦之感。可以说，这是诗人偶然捕捉到的一个生活镜头，却在不经意间，流露了诗人那极富生活情趣、极富人情味的内心世界。

作者原非画中人，却因画儿动了心。我几乎有点替画中人妒忌。稼轩先生却毫不"自私"，笔下，翁媪比他更陶醉。绿草茵茵的溪畔田庄，陋小的茅屋里，低矮的屋檐下，老汉把盏贪杯，老妇也略带醉意，言语中，笑意盈盈，吴音哝哝，充满了无限的柔情和温暖。这个普通的农家，他们也许是清贫的，却又是多么的幸福和快乐啊！老夫妻和和气气，孩子们尽自己所能地劳动，心态是那么平和，最小的孩子无忧无虑地玩耍，享受着童年美好的时光，这一切，是多么让人心生感慨啊！显然，醉人的不仅仅是盏中物了，酒不醉人人自醉啊。

二、一幅着色的村居图

我还有一痴症，不管是信笔涂鸦，抑或拜读美文，总爱浅吟低唱，或高声诵读，似乎不读不足以尽兴，不读不足以悟文。于是，学着小儿般的"无赖"状，痴人一遍遍潜心地低声吟读文本，一次次陶醉地大声诵读文本，只读得"忘了形"，便以为自己是辛幼安了，以为来到了溪边茅檐下了。读着读着，忽觉得，呀，原来这不只是一支"儿戏曲"，我的眼前分明是一幅写意的村居田园画，色彩清丽，清新怡人。词的上片，"茅檐低小，溪上青青草"，勾勒出了一幅清新优美的白描田园生活画：金色的暖阳，低矮的茅屋，茵茵的草地，清清的溪流……一切都显得那么恬静，那么柔和，如诗如梦，令人陶醉。"醉意朦胧中"，似乎听到一阵呢哝吴语，似乎听到有人嬉笑逗乐，宛如为着梦境般的画面平添了一丝清音，增加了几分情趣，让人宛坠仙境，使人倍感亲切动人。是何人如此幸福，如此闲适？循声望去，呀，原是一对白发翁媪！白首偕老笑语盈盈，真是羡煞人也。

读到此时此处，我才明白，"醉"原来不是"白发翁媪"，而是稼轩啊。醉人也非杯中物，乃这"仙境桃源"般的村居生活啊。究竟谁家白发翁媪？究竟何事如此开心？跟着词人走进农家生活，我真真来到了一片世外桃源。

瞧这一家子，大儿在小溪东边的豆田里辛勤耕作，宛然陶潜"种豆南山下"般悠闲；老二闲坐树下正忙着编制鸡笼，只见院里鸡犬闲走，溪中鸭鹅畅游；只有那小儿年尚总角，又最顽皮逗人，闲来无事，俯卧溪边采莲剥蓬，直乐得手舞足蹈，何等陶醉，何等活泼。

词人笔下，这是一幅白描的村居图，虽然洗练，却有声有色，虽然朴素，却有情有趣。词人虽没有将内心的这种感受直接诉诸笔端，可从那看似客观的描述中，我分明感受到宁静的乡村生活给他带来的精神上的享受。

三、一阕伤怀的感时词

我知道辛词豪放可比东坡，吟诵《村居》却如入世外桃源，其婉约不逊易安。"清平乐"虽为词牌名，稼轩填词，却真真切切让人读出了农家之"清平"，犹如"桃源"之乐。"村居"二字，也常为文人所用，读稼轩之词，"村"之清新，"居"之闲适，跃然纸上。

品读至此，我不禁忖度：胸怀大志的稼轩为何填词？所托何意？于是我浏览了稼轩生平。词人为山东历城（济南）人，出生于"靖康之难"后，出生时山东已为金兵所占。在金统区目睹同胞之惨状，深知亡国之苦痛，21岁由中原南归，至67岁病故，四十余载一心挂记国家统一，励精图治欲抗金复国。由于南宋小朝廷偏安江南，"直把杭州作汴州"，稼轩光复旧山河的理想始终得不到实现，所提抗金建议均未被朝廷采纳，并遭到主和派（投降派）的打击，致使他或赋闲在家，或沦为下僚，不得尽其才。在用武无敌、报国无门、恢复无望的情况下，

稼轩只能寄情于填词，将抗金、恢复的宏图大志，将对朝廷的不满，将对沦陷区人民的牵挂，将自己国家民族的梦想、追求和美好生活的渴望通过委婉的诗词表达出来。

稼轩传世有《稼轩长短句》，传词 600 多首，题材十分广泛，有抗金词、爱国词、闲适词、农村词、情爱词等。其中闲适词数量最多，但构成其主调的却是表现稼轩理想抱负，歌唱抗金、恢复中原的词。辛弃疾虽然归隐赋闲近 40 年，但由于心系抗金，胸怀家国，所以他其实是"闲"而不"适"的。因此，其大量的闲适词，农村词，虽是反映归隐情趣的，也因此染上了时代的色彩，多为感时伤怀之作。可以想见，这位与陆放翁同时代的词人，也是常常"出篱门迎凉"。一首《菩萨蛮·书江西造口壁》写尽了对沦陷区人民的关怀与想念，写尽了山河沦陷却无法收复的悲痛。

> 郁孤台下清江水，
> 中间多少行人泪？
> 西北望长安，
> 可怜无数山。
> 青山遮不住，
> 毕竟东流去。
> 江晚正愁予，
> 山深闻鹧鸪。

"四十三年，望中犹记"（《永遇乐·京口北固亭怀古》），此人没有一刻不想着国家统一，没有一刻不惦记着沦陷区的百姓啊。所以，当词人看到吴地江南世外桃源般的农村生活，他陶醉之时，谁又能说不是心碎之时呢？触景伤情，又想起了"郁孤台下清江水，中间多少行人泪？"，谁又能说《村居》的幸福闲适不是此人为中原故土的同胞、人民而做的一个梦呢？在我看来，这确是一阕伤怀的感时曲，令人心酸啊。

大家看到，这篇《村居》的细读文稿和前面的《桂花雨》有着不少的区别。比如，从结构上，《桂花雨》的两个板块表现为一种横式的逻辑组合，它们实际上都可以相对单列；而《村居》就不一样了，它有三个板块，这三个板块是不能单列的，因为它们之间表现为一种纵式的时间排列，是不是？它们是一层一层地递进，就像三级台阶似的，你必须拾级而上，否则，你就无法读懂后面的内容。那么，这样一种纵式结构，跟什么有关呢？我觉得跟徐俊老师的细读姿态大有关系。在这个细读文稿中，出现频率很高的一个词，是"我"，前前后后一共出现了大概30次。

　　"我"是谁？"我"是读者，对不对？用"我"来指称读者，这还是一种显性的方式，实际上，文中还有大量隐含的"我"、隐含的"读者"，我们可以这样说，文稿中的每一句话的背后、或者说每一句话的隐含主语，都是那个"我"、那个被尊奉为上帝的"读者"。比如，文稿中的这些表述：我大概就是这样的人；总是让我欢喜让我忧；让我爱悠悠恨悠悠；我并没有多少感觉，更谈不上喜欢；我常自诩是个痴人，痴痴地看音乐，痴痴地听图画，痴痴地游荡在文字中；我一读《清平乐》，头脑便是这等简单；我读词亦不喜苦读，便养成了读书喜走马观花、浮光掠影的恶习；我不禁叹曰：好一个稼轩先生，好一支浪漫儿戏曲啊；我因而爱屋及乌，爱上了整首词，决定"批文以入情"；我几乎有点替画中人妒忌；我还有一痴症，不管是信笔涂鸦，抑或拜读美文，总爱浅吟低唱，或高声诵读，似乎不读不足以尽兴，不读不足以悟文；我的眼前分明是一幅写意的村居田园画，色彩清丽，清新怡人；跟着词人走进农家生活，我真真来到了一片世外桃源；我知道辛词豪放可比东坡，吟诵《村居》却如入世外桃源，其婉约不逊易安；品读至此，我不禁忖度：胸怀大志的稼轩为何填词？所托何意？这些话语，都是读者崇拜意识的某种辐射、某种膨胀。"我"的介入，"我"的彰显，"我"的高扬，使文本细读深深地烙上了"我"的精神痕迹和生命印记。

　　当然，并非文中存有大量显性的"我"，就表明一种"读者崇

诗意语文

142

拜"的姿态；也不是说，没有了"我"这个显性称谓，就不再是"读者崇拜"姿态的一种彰显。其实，有没有这个称谓的"我"并不是问题的实质，问题的实质在于，在文本细读的过程中，能够始终将自己作为一个读者的独立思考、自由精神、真实感受、平等意识等等主体智慧融入其中，通过文本细读，最终读出的还是自己、还是一个成长中的"新我"。

把语言擦亮

从"作者崇拜"转向"读者崇拜"，肯定有它内在的逻辑走向和因果联系。作者和读者，无疑是文本细读的两极，缺了哪一极都不成。那么，这两极何以统一在一起呢？是什么将作者和读者邀约到同一张谈判桌上呢？于是，就有了第三种细读姿态——文本崇拜。没有文本，作者无所栖身，读者无所依凭，一切都成了一纸空文。正是文本，将作者和读者拽到了一起。

下面，我再念一个细读稿子，题目是《枫桥夜泊》，作者也是我双名工作室的一个弟子，叫袁红强。（议论声）底下有人说，怎么尽是您的弟子写的文本细读稿？（笑声）不可以吗？（笑声）您有细读文本的稿子也拿来让我念念呀！（笑声）我说过，咱们这个培训班，不玩虚的，不玩酷的，那我这个双名工作室，就更不能玩虚的，玩酷的，是不是？要不然，谁还愿意屁颠屁颠地过来呢？（笑声）其实，过来了他们才发现上当了，叫苦不迭呀！（笑声）为什么叫苦？这不都是文本细读"惹的祸"吗？（笑声）文本细读的过程，绝对"苦"！绝对"痛"！合在一起说，那就是绝对"痛苦"！（笑声）但是，你读了，你写了，你有了实实在在、真真切切的收获和体会了，那么，就不是一个简单的"痛苦"了，苦尽甘就来了嘛，这就叫"痛并快乐着"！（笑声）好！废话少说，我们先来念一念这篇文本细读稿——

一、关于韵脚

《枫桥夜泊》，七言绝句，偶句押"an"韵，读来有怅惘、愁哀之意味，是个切合诗情的好韵。

二、关于诗题

《枫桥夜泊》，四字诗题。"枫桥"点明地点，"夜"点明时间，"泊"点明事件。按照习惯的语序，似应拟作"夜泊枫桥"。两相比较，诗题的落点显然在一个"泊"字上，突出"泊"这个事件。"泊"者，既有"停泊靠岸"之意，兼有"漂泊四海"之味，当是题眼无疑。谁"泊"？"泊"在何处？因何而"泊"？"泊"出了什么？因为是"泊"，所以就有可能意味着起航，但这"起航"又意味着什么？可不可以包涵为"泊"的内容、"泊"的境界、"泊"的结果、"泊"的必然归宿？在解题的环节中可以释"泊"，但是在教学的过程中，在朗读感悟的过程中如何渗透对"泊"的追问？如何阐释对"泊"的疑虑？如何解决"泊"意的渲染？

三、关于意象和意境

"月落乌啼霜满天，江枫渔火对愁眠。姑苏城外寒山寺，夜半钟声到客船。"读罢，如下意象浮于眼前：月落、乌啼、霜天、江枫、渔火、船只、客子、钟声，有清晰的有模糊的，有实体的有虚象的。深秋之夜，诗人泊舟枫桥，满腹愁思，虽眠而未能入睡，一切极具江南水乡特征的夜景，都通过"愁眠"者的感受反映出来。目送月落，耳闻乌啼，身感霜华降临；几树江枫、数点渔火，直面旅人更添烦愁。此时，夜已深沉，侵肌砭骨的寒意从四面八方袭聚船舱，在这幽冷清透、万籁俱寂的时刻，寒山寺的钟声突然响起，穿透浓霜，贴着水面，直入船舱，一下，两下，声声撞击着诗人的心坎，怎能不叫人愁绪难耐、孤子清寥。但同时又隐约觉得这钟声似乎还包裹着另外的一些意蕴，细嚼，却又说不大清楚。

1．"愁眠"。惨白的月落、凄清的乌啼、寒寂的霜天、孤孑的江枫、昏黄的渔火，所有的意象都融入到"愁眠"之中。何谓"愁眠"？是因愁而眠还是因愁不眠？是想眠不能眠还是不眠伴入眠？这一切，因为愁眠，于是都染上了愁的色彩和气息。月落写所见，乌啼写所闻，霜满天写所感。由眼见到耳闻到身感，逐层推进，运思细密。"江枫"为静，"渔火"为动；"江枫"幽暗，"渔火"闪烁，这一静一动，一幽一明，撩拨着诗人的愁思，如同那微微摇晃的船只在岸边一荡一漾。但在诗的主旨把握上，由于没有固定的主题，加之少年不识愁滋味，我们难道是为了通过教学使学生"愁啊愁，白了少年头"不成？教学此诗，抓"愁"是显然的，但不能一愁到底，为赋新词强说愁。在教学中，我们当然要使学生滋生出愁的滋味，深刻地感悟到愁的情怀、愁的境界，但在某些情节上（如：落第的烦闷、生活的不如意、仕途的浮沉……）还要使他们释放愁的情绪，明白愁的出路。我想，是不是可以拟出这样一条情感脉络来驾驭此诗的教学呢：触愁（通读感知）——生愁（触景解景）——悟愁（体察想象）——释愁（钟声述说）。权作尝试吧。

2．"钟声"。这钟声一声一声地传来，敲在客子的心上，使人愁上加愁，苦上叠苦，愁苦得无以复加，这是初读时的直觉。但再读、三读、四读、五读，粗读、细读、想想读读、诵读、品读、停停读读后，另一种感觉、另一种意蕴悄无声息地在心中滋生、蔓延。那就是这钟声大有拨开愁雾、澄明心灵的意味啊。怎么会这样？难道是我的感觉出了问题不成？于是，为了求证，也为了消除心中的这份不安，我去查阅了一些跟佛教有关的文献资料，比如："寒山寺始建于梁代天监年间，早在一千多年前，这里就有夜半撞钟的仪式……"比如："陪我祈福的和尚给我讲佛经，他说钟声可以降伏魔力，半夜撞钟一百零八下，可以消除一百零八种烦恼……"咀嚼着这些资料，我似乎听到了寒山寺的钟声悠悠传来，我好像有种醍醐灌顶、融会贯通之感。但这样的蕴涵是很

难让学生强为体察的，那只能顺其学情，悄然熏陶，无痕关怀。

3. "客子"。"夜半钟声到客船"，说明诗人张继于此处是为一介客子。那是怎样的客子呢？是落第而归、被贬下放的回客？抑或是远离故园、远地为官的过客？还是背井离乡、断肠天涯的孤客呢？怎样的生活状态就有怎样的情感黏附。但这一切都不得而知，史料上亦无明确的记载。关于诗人当时创作此诗的背景资料，是假定一主题（比如可以将当时的背景定格为诗人赴洪州就任盐铁判官，路经苏州，亲眼目睹战乱使田里杂草丛生，农民被强征入伍而悲愤交加、愁苦无限的情形）以明确的态度告知呢，还是以多种假设的口吻适时地渗透（可能是落第而归的愁闷，也可能是思念家乡的情思，还可能是生活窘困的烦忧，更可能是忧国忧民的愁苦……）？我倾向于后者，将人文关怀置于一种较为宽泛的语境之中，这样既尊重史实，又促使学生独特感悟、多元理解。

这个细读稿子比较简约，但特点却非常鲜明。从"韵脚"到"诗题"到"意象和意境"，心无旁骛、目不转睛，细读的注意力始终集中在诗作本身上，有人说"诗到语言为止"，显然，袁老师对《枫桥夜泊》的细读也是到"语言为止"、到"文本为止"。张继如何如何，咱管不了也不想多管，是不是？（笑声）"我"，一介书生，既不想做"痴人"，痴人太累，也不想做"上帝"，上帝太虚。（笑声）我只想好好地触摸文本、沉入文本，在文本这条语言之河中出生入死。

在文本中发现自己

各位，其实我们所谈的"文本细读"是对语义学文本细读概念的一种借用，一种拿来主义式的活用，甚至是一种"盗用"。在文学批评的语境下，文本细读作为一种作品的研究方法，有其自身的规定性，其目的和旨归被牢牢锁定在文学批评上，它是为文学批评服务的。而到了课程教学的语境下，文本细读的服务对象则转移至阅读教学身上。所以，你看刚才袁老师的《枫桥夜泊》，其中就有不少涉及教学过程的设想。这时的文本细读，从阅读教学出发，为了阅读教学，与阅读教学结伴同行。正是这一转移，使课程教学语境下的文本细读衍生了一些与其母体不同的规定性，具体来说：

第一，细读姿态的多元性。解读姿态是文本细读的一个先在的问题，课程论语境下的文本细读，主张作者崇拜、文本崇拜、读者崇拜等多种姿态的和平共处。无论基于何种崇拜的文本细读，对阅读教学而言，我们认为都有其存在的必要和价值。而选择何种细读姿态，则是教师的一种自由。这叫"萝卜青菜，各有所爱"！（笑声）

第二，细读指向的言语性。文本细读，就是我们对言语的此在的细读。它从字、词、句等言语材料的释读入手，细致分析言语的表达手法、修辞手法，层层解剖言语内在的组织结构，全力开掘言语的多侧面内涵。

第三，细读结论的兼容性。我们在文本细读时，既要消化吸收、整理评判他人对文本细读的种种见解和观点，更要关注珍视、归纳梳理自己对文本细读的独特感悟和发现。只要有利于教学，他人的观点、自己的感悟就有必要兼容并包、相辅相成。这叫"不管白猫黑猫，会捉老鼠的就是好猫"！（笑声）

第四，细读经验的共享性。文本细读，对我们来说，不仅是对言语存在的一个发现过程，也是对言语细读的一个体验过程。因此，文本细读对教师而言是一种双重收获，我们既收获言语解读的意义、意味和意蕴，也收获细读言语的经验、情绪和感受。这些通过自己亲历亲为得来的细读经验，对阅读教学来说，无疑是一笔宝贵的课程财富。

老师们，文本细读虽然是一种技术，但是，它最终关乎的却是教师自身作为一种专业人格的修炼，它的终极意义不在于我们一定要读出多少"人之未见，人之未发"。文本细读，是对教师言语智慧和精神境域的一种砥砺和修炼。通过文本细读，我们的精神触角将会变得越来越细腻、越来越敏感、越来越深刻、越来越富有诗意。从这个意义上说，文本细读实在是一次重新发现自己、估价自己、解构自己又升华自己的过程。那么，教师如何真正实现自己的文本细读呢？

第一，你用多少自信、多少毅力挑战自己的精神惰性，你就有多少自信、多少毅力实现自己的文本细读。我觉得，要实现文本细读，首先要解决的是我们自身的"精神惰性"问题。"与读共舞"，是一种幸福的折磨、痛苦的享受，是幸福和痛苦纠缠、交织在一起的过程。越是起初，痛苦的感受越是强烈。你走在文本的丛林里，却看不到清流、听不到鸟鸣、闻不到花香，这不是痛苦又是什么？此时，人所固有的精神惰性就会驱使你中断文本细读之旅。如果放弃一旦成为现实，那么，你真的只有像杜丽娘一样慨叹"良辰美景奈何天，赏心乐事谁家院"的份儿了！（笑声）

第二，在进入文本时，重要的是要始终保持一种全然进入的敏感和警觉。一定要打开自己的生命，去教参之蔽、去教材分析之蔽、去他人言述之蔽，让自己的精神胸怀敞开，再敞开。你听听，容祖儿唱得多好："生命已经打开，我要你总精彩。"（笑声）只有打开生命，你渴望的那种精彩才会呈现、才会到来啊！打开生命，就是始终保持对文本言语的一种高度敏感，对每一句话，对每一个词，甚至每一个标点符号，都必须抱着林黛玉第一次进贾府时的那种警觉。（笑声）

第三，你有多种方式进入文本的可能和自由。"活在文本中"，是你可以选择的一种进入方式。你让自己走进文本的世界，成为文本生活中的一个角色，文本这个"警幻仙姑"带着你游历文本所缔造的那个"太虚幻境"，你用心聆听她的种种言说，用心察看仙境的种种景象。"千万次地问"，是你可以选择的另一种方式。进入文本，你不再轻信、不再迷惑、不再被她忽悠，（笑声）在文本的言语之流中，你总是不停地将它们打断，你问：这究竟在写什么？为什么会这样写？为什么只能这样写？用意何在？启示何在？在你千万次地问中，文本被你掰开了、揉碎了，最后被你消化了、吸收了。前一种是感性的进入，后一种是理性的进入。而更多情况下，细读方式是你自己的一种创造。

　　最后，细读文本的终极意义就是细读自己。我始终认为，文本是一个美丽的倒影，你在这个倒影中看到的不是文本，而是你自己。你的精神倒影有多深，你对文本细读就有多深；你的精神倒影有多远，你对文本细读就有多远；你的精神倒影有多美，你对文本细读就有多美。因此，不是文本，而是你的文化视野、言语禀赋、审美旨趣、精神高度、生命境界决定着你细读的品质。从这个意义说，细读不是从文本开始，而是从"自己"开始！细读也不是到文本为止，而是到"自己"为止！正所谓，千江有水千江月，佛不度人人自度！（笑声、掌声）

生命对话，走向语言的视界融合

时间　2006 年 7 月 15 日

地点　杭州市拱宸桥小学

活动　第三届诗意语文高级研修班

整理　肖绍国

今天讲讲"生命对话"这个专题。"对话"这个词，说老实话，现在已经用得很滥了，自从我们的《语文课程标准》把教学过程定位为对话的过程，现在是满大街地跑"对话"，"对话"成了某种教学时尚，连一些"对不上话"的话、一些"不太像话"的话，都开始大话"对话"了。（笑声）实际上这个定位还是有一定的问题的。所以我觉得很有必要对"对话"进行一些对话，每个人都言说对话，但实际上每个人在言说对话后面的那个指向是各不相同的，所以谈不到一块儿，什么原因呢？我个人理解，其实是对对话本身的结构缺乏一个必要的梳理。所以，在切入对话教学之前，我首先要把对话的结构作一个简单的梳理，然后再讲讲我要言说的对话究竟指什么。

核心的核心是理解

实际上，在我们的教学当中，存在这样几种对话关系：第一种就是教师与文本之间的对话关系。这种关系，比如我们昨天谈到的文本细读，这个文本细读实际上就是教师和文本发生的对应关系，这个我们也叫对话。第二种就是学生和文本之间的对话关系。第三种方式就是教师和学生之间的对话关系。第四种就是学生和学生之间的对话。实际上这四种对话是不同的，不能混为一谈，但是我们在研究的时候，把这四种

类型、这四种对话关系都搅和在一起，用上海话说就是"捣糨糊"了。（笑声）

那么，这四种对话方式，在教学中哪种发挥着枢纽、核心的作用呢？自然是教师和学生之间的对话！想想看，如果教师和学生之间的对话不能有效展开，那么，教师和文本的对话，学生和文本的对话，学生和学生的对话，统统失去了"课程和教学"的应有之义。所以，今天谈"对话"，我们不妨将范围进一步缩小。教师和文本的对话，实际上就是"文本细读"，这在前面已经谈过，这里不谈；学生和文本的对话，不谈；学生和学生的对话，也不谈。我今天和大家只谈一条，或者说只谈一个侧面，那就是教师和学生的对话。所以，我们这里的对话有个边界的限定，这个限定就是教师和学生的对话。我可以这样说，看一个老师有没有水平，看一个老师在课堂上的机智和智慧，看一个老师对课堂教学进程的驾驭能力，主要看什么？主要看他的对话能力。

实际课堂上各种要素，各种能力，最吃功夫也是最见功力的就是师生之间的对话。我们听一些名师的课，常常会有一种如坐春风的感觉，听起来很舒服。它是怎么带给你的，很重要的原因就是师生对话的流畅、自然、深刻与精彩纷呈。因为什么？因为这种师生之间的对话本质上是不能预设的。现在都在研究动态生成，我说这个叫作玩花样，玩名词花样。真正的对话一定是动态生成的，又说"对话"又说"动态生成"，有种"脱裤子放屁——多此一举"的味道。（笑声）把对话弄清楚了，把对话的技术弄清楚了，一定能有效进行动态生成。

那么，师生之间的对话，本质到底是什么？这种对话的关系是怎么发生的呢？我个人的看法，对话的基本模式应该是这样的："倾听——理解——应对"。首先要倾听，没有倾听就没有对话。课堂上的很多问题，看起来是老师的应对出了问题，实际上不是，是老师的倾听出了问题。因为他不会听，所以他不能够有效进入学生的思维。大家要注意，我这里所谈的倾听，不仅仅是用耳朵听，这里的倾听是生命的一种全方位的敞开。所以倾听上面可以加一个什么？对！引号。你看学生的表情，看表情就是"倾听"；你关注他的眼神，眼睛会说话，你关注，你也是在"倾听"；你观察他的姿势，你就是在"倾听"他的肢体语言；甚至你注意到小组之间排位组合的关系，学生身体之间的接触程度等等，你都能"听"出其中的声音来。所以我说，这个倾听是一个比喻的说法，它的展开是全方位的。

我们上课最容易出现的问题是什么呢？把"倾听"搁在一边，满脑子想的是我下面教什么内容、课上到了什么环节、还有几个问题没问完、还有什么练习没做完，尽想着自己这一头的教，忘了"倾听"。（笑声）忘了"倾听"，就是忘了"学生"。只有当学生进入你的"在感"、进入你的"倾听"的"雷达区"，他们的主体意义才能得到彰显和落实。

这是第一个环节，第二个就是"理解"。对话的实质是什么？对话的实质就是理解，没有理解就没有对话。但是现在很多问题是什么呢？我们很多时候把倾听当作评价学生的手段，也就是说，倾听为了评价，也只是为了评价，仅此而已。学生读了以后，教师要评价学生一下；学生回答完了，教师也要评价学生一下。所以，教师把自己的注意力、自己的目光都聚焦在评价学生上。这个没有错，对话当然包括评价，但是评价不能涵盖对话的本质内涵，对话的本质内涵是什么？不是评价，是理解！只有你试图理解他的言说，理解他的朗读，理解他的表现，理解他的行为方式，你才有可能找到跟学生对话的支点。（议论声）

最后是应对。应对是理解之后作出的那种自然而然的反应。在应对的过程当中，你要继续去倾听。什么叫对话，我们很多情况没有对话，只有单向的言说。对话要有什么？对话要有来回，有来无回不是对话。我们很多情况下，一个来回就解决问题了，这还不是对话。

那么下面我举个例子，想专门谈一谈倾听的问题。其实老师在课堂上的基本功就是怎么倾听孩子的各种表现，很多情况下，你并不懂得学生究竟要说什么，因为你缺乏理解。有一次，一个小孩自言自语地对他的母亲说："妈妈，大灰狼是小白兔的猎人吗？猎人叔叔就是大灰狼的大灰狼吧?"妈妈在旁边说:"你说什么?什么大灰狼、大灰狼的,神经病嘛!"(笑声)你瞧,一句"神经病",把本来可能出现的精彩对话扔出了十万八千里。

你再听听,大灰狼是小白兔的猎人吗?什么意思?猎人叔叔就是大灰狼的大灰狼吧?又是什么意思?一个五岁孩子说的话,如果你试图去倾听去理解这个话,是值得细细玩味的。大家看,第一句话,大灰狼是小白兔的猎人吗?我们怎么理解它?实际上,儿童按照自己的逻辑,把"小白兔——大灰狼——猎人"之间的关系,组合成了一条生物链。儿童不可能用这样的术语来表达,但是儿童的诗性思维需要成人解读,由"小白兔"到"大灰狼"最后到"猎人",一条环环相扣的生物链呈现在我们的解读中,这是第一。

第二,儿童按照自己的逻辑,为不同语境中的"大灰狼"和"猎人"重新作出了隐喻式的命名,这就是儿童的诗性语言。不难看出,在儿童的思维中,大灰狼成了什么?大灰狼成了小白兔的猎人,是吧?猎人成了什么?猎人成了大灰狼的"大灰狼"。这个在成人不太可能这样想,恰恰是儿童特有的诗性思维,他那"万物有灵"思想的折射,他对不同语境下的人物有了自己独特的理解,因而作出了独特的命名。

第三,儿童按照自己的逻辑,懵懂地追问着"终极"意义上的强者,究竟谁是最后的"猎人"?谁是最后的"大灰狼"?这个时候,儿童表现了他们身上具备的哲学家的天赋。所以有人说,儿童是天生的诗人,天生的哲学家。

你看看,这么值得玩味的一句话,"大灰狼是小白兔的猎人吗?猎人叔叔就是大灰狼的大灰狼吧?"妈妈却说什么乱七八糟的,神经病。但是,你如果真的抱着一颗平等宽容的心对待儿童的言说,试图走进他的内心,那么你将会发现儿童的思想多么神采飞扬。所以,这个案例启示我们什么?启示我们应该把自己的生命全然打开,去倾听、去理解儿童的思想观点,也只有这样,你的对话才能够产生真正的效应。所以我说,在课堂上,我们要为理解去倾听,而不是为评价去倾听。为了理解

去倾听，把倾听和理解融合在一起，对话才有可能真正发生，精彩才有可能真正纷呈。在倾听中理解，在理解中倾听，倾听即理解，理解即倾听，这既是我们做教师的一种能力，更是一种修养的功夫。

怎样实现倾听中的理解？关键是多问几个为什么。学生为什么这样想？学生为什么这样说？这样想、这样说，后面一定有他的道理在，这个道理也许在成人的我们看来不合逻辑，不讲规则，甚至是不可思议的。但是，这对儿童的成长，对儿童精神上的发育，却具有极其重要的生命意义。所以，在对话之前，我们很有必要确立起这样一个先在的、无须证明的前提，那就是，学生之所以这样想这样说，一定有他的道理、他的逻辑。这个世界上没有无缘无故的爱，也没有无缘无故的恨。那么，我们也可以这样说，这个世界上没有无缘无故的想，也没有无缘无故的说。（掌声）

作为生命关怀的对话

确立了这样一个先在的前提，那么，我们说，对话应该作为一种生命关怀的方式，对话绝不仅仅是一种模式的操练。对话的本质，不是为了裁定、评价，给学生一个终极的标准答案。这不是对话，它的本质应该是为了促进学生语言和精神的协同发展，本质是对学生精神生命发育的一种尊重、一种唤醒、一种理解、一种引导。

第一，对话，一种心灵的抚慰。

一位老师上《做一片美的叶子》，课文行将结束的时候，他安排了这样一个练习，因为课文中有这样一句话："大树把无数的叶子结为一个整体，无数的叶子在树上找到了自己的位置。"老师呢，就让学生结合自己的生活经验，来说说对这句话的理解。对这个练习，学生表现得非常活跃，讲得也非常好。一个孩子说："班级把同学们结为一个整体，每个学生在班级里都能找到自己的位置。"老师接话头："好！"各位听听，一个字，"好！"这是对话。另一个说："工厂把工人结为一个整体，如果工厂倒闭了，工人就下岗了，就没有自己的位置了。"老师说："很有现实意义！"第三个孩子说："中国把五十六个民族结为一个整体，五十六个民族在中国都有自己的位置！"又有个孩子说："地球把所有的国家结为一个整体，但美国为什么不让伊拉克有自己的位置？"你注意听，老师怎么应对，这个是对话，你要把注意力牢牢按在对话这个维度上。老师说了两句话，第一句，"问得好！先天下之忧而忧。"第二句，"要弄明白这个问题，还需要时间啊。"你瞧，把这个剪不断、理还乱的问题给悬置起来了，这就是"四两拨千斤"的功夫。（笑声）

好，最后一个学生说了，是个女孩儿，更精彩的对话出现了。她怎么说呢？她说："家把爸爸、妈妈、孩子结为一个整体，每个人在家里都要有自己的位置。可是我的爸爸、妈妈离婚了，他们都不愿意要我，我没有自己的位置了，我……我很难过。"孩子说完，就这么傻傻地站在那儿，你想想，现场会是一番怎样的情景呢？非常安静！大家看谁呢？还能看谁？看老师呗！怎么办？看这个老师怎么应对？有没有真功夫？有时候一堂课的成败，就在这么一个点上。这个点，用一个新新名词来说，叫"拐点"。这么一个点，处理好了，满堂生辉；处理不当，那就完了，黯然失色，前功尽弃。老师稍稍想了一会儿，不能多想，这是课堂教学，不是论文撰写，你必须马上想出应对策略。只见老师走近学生，把女孩儿搂在怀里，就像只对这个孩子说，但又像是说给大家听。老师说："孩子，不要难过，老师给你讲个故事，我非常喜欢一种小动物，叫珍珠贝。这种贝类，如果有沙子什么的跑进里面去，它会把它们包起来，最后变成一颗珍珠。孩子，不要难过，用自己的善良包容人生所遭遇的一切波折与困难，这样，你的内心就会长出一颗颗璀璨的珍珠！"这番应对，既有肢体语言———个搂在怀里的动作，这不是对话吗？又有自然语言，一个关于"珍珠贝"的故事。那么，这样一个对话，让我们感受到什么呢？一种情，一种心灵的抚慰。显然，这番对话抚慰的不仅仅是一个孩子，它同时抚慰着其他的孩子，谁能保证你的人生就不遇到挫折呢？人生有太多的苦难，太多的伤感，碰到这些不幸，我们怎么办？相互之间的言语的慰藉，就是最好的疗伤，这就是所谓的"心灵鸡汤"吧。

第二，对话，一种智慧的启迪。

如果对话只盯住最终的结果，那么你的对话很可能失去对话的意义。在我看来，最好的对话是不给出一个显性的结果，无言之言，不说而说。你一定要有结果，那么对话本身就是一个结果，一个流动的、表现为时间态的结果。所以，一旦进入对话，你不能着急，甚至不能期待，为什么？因为你一期待，就有个结果隐含其中了。对话的意义在它的每一个当下，这个观念相当重要。对话的每一个当下，都是师生本有的思想、激情、智慧的一种澄明。一位老师上《登山》，上完全部的新课内容，就安排学生质疑问难，问学生还有没有不懂的问题。大家知道，课文中写过这样一个细节：列宁和巴果茨基下山的时候依然选择走那条险恶的小道。

这时，一个孩子就问："列宁为什么坚持要走那条小路？老师，我还是不能理解。"

完了！这课白上了！你想，你花了两节课，整整八十分钟，说来说去，说到底就是为了解决这个问题。现在可好，提问，这孩子就毫不犹豫啊，列宁为什么坚持要走那条小路啊？我就是不理解。看你咋办？有老师说，还能咋办，"凉拌"呗！（笑声）开个玩笑，呵呵！老师们，我刚才讲过，对话始于倾听，对话的核心是理解。如果你既不去倾听，也不想理解，那你就真的只有"凉拌"了。（笑声）你说，你这问的是啥问题呀？我不都跟你讲得清清楚楚了吗？你还好意思问？你存心啊？这就是"凉拌"了。（笑声加掌声）实际上，这个时候已经没有对话了，你已经把这个孩子的问题给毙了，师生之间没有对话。

当然，这只是我的一个假设。事实上，这位老师处理得相当机敏、相当智慧。老师是这样应对的，第一句话："你是不是对列宁最后说的那段话还有不理解的地方？"瞧！先来个投石问路，为了什么？理解！理解什么？理解这孩子的问题到底出在哪里。真没想到，孩子还真点了头。实际上，孩子的发言并不总能准确表达他的本意，这种情况经常发生。他说的是这个，实际指向的却是那个。毕竟，孩子的言语水平远远不能跟成人相比，何况成人也有词不达意、言不由衷的时候。这时，老师的倾听理解就显得非常关键了。这么一探问，孩子的问题就发生了质变，变成"列宁说的这段话到底该怎么理解"。对症才能下药，现在，真正的病症查清了，好，我们看看老师怎么下药。

老师说："那这样，你再仔细读读最后一段话，看看列宁的话哪些地方你还不能理解，等会儿我们单独讨论。"我觉得这个老师比较聪明，他的这个应对本身就是一种智慧的体现。第一，投石问路很重要，先把问题搞清楚；其次，宕开一笔，再把问题还给你，逼着学生先自己思考。这不是缓兵之计，更不是踢皮球，这是"让学"的一种机敏。接着，是第二个学生提问，他说："我觉得列宁回来的时候完全没有必要走那条小路。"你听听，这不是把老师往死胡同里逼吗？刚刚摆平一个，又来一个，劲儿比第一个还冲。（笑声）更没想到，第三个学生提问，连理由都说得振振有辞："我赞成，锻炼自己的意志有很多机会。你回来，你摔死了呢？我认为没有必要走那条小路。"好了，这就是对话真正开启以后的尴尬，老师再一次被逼上了绝路。假如是你，你怎么办？

很多时候，老师就这样被逼着跳下悬崖。（笑声）我年轻的时候就遇到过这么一回。（笑声）你如果一定要拧回来，完了！这叫自己和自己过不去。说老实话，列宁回来的时候，如果真的掉下悬崖，如果真的死了，那么登山还有没有意义？这个问题，老实说，是非常艰涩的一个哲学问题、价值问题、形而上的问题，别说孩子，连我们都恐怕说不出个所以然来。所以，碰上类似这样的问题，讨论几乎没有意义，很多时候我们的对话不要去追求那个所谓的结果，你以为有结果就圆满了么？错了，不是的，重要的是智慧，用你的智慧去化解这种窘境，山重水复疑无路，柳暗花明又一村。这个老师非常聪明，他没有跌进这个"死亡之谷"，他用他的智慧，向学生传递了一个重要的启示。这个老师

说："这倒的确是一个重大的问题。万一列宁因此掉入深谷没命了呢，这次登山到底还有没有意义？这个问题，其实我也想过，但不瞒大家说，我还真没想通，我也找不出答案。"学生很迷茫，他想，你老师怎么会没有答案呢？老师没有答案，我们更不知怎么办了？这就是常态的教学带给学生的一种错觉。老师们，千万不要把自己装成圣人，也不要把自己装成神人，这个时候，学生的迷茫是他精神成长中所必需的营养，不要引导学生以为生活、人生都是有答案的。生活不是这样的，该迷茫的时候就得让他迷茫，该痛苦的时候就得让他痛苦，该受挫折的时候就得让他受挫折。你们迷茫吗？我也觉得很迷茫，那么，让我们一起迷茫吧。（笑声）告诉学生老师不是神人，不是圣人，老师不是万能的。

又一个孩子提问："老师，我还有一个问题，这巴果茨基为什么一开始就对列宁说他不能走那条小路？他凭什么这样说呢？"对呀！巴果茨基怎么知道列宁会头晕、会控制不了身体平衡的呢？又是一个问题。这么多问题，老师最后怎么处理呢？他给来了个九九归一、万法归宗，老师这样说："我很高兴，同学们能发现这么多问题，你们都是会思考的同学。"你注意往后听，你要倾听，更要理解，这不也是一种对话吗？老师说："这些问题，有的会在同学和老师的帮助当中解决；有的可能在自己的反复思考当中解决，也可能解决不了，但是突然有一天，你对这个问题就明白了；有的可能要在十年、几十年后的某一天，某一个情境中，你一下子深深的领悟了。这都没关系，也不重要，重要的是，今天我们在思考！"这就是一种智慧的启迪。智慧是什么？智慧不是知识，所谓知识，那是看见一粒沙子就是一粒沙子，欣赏一块石头就是一块石头；所谓智慧，它看见的不仅仅是这粒沙子，更是这粒沙子背后一个个缠绵悱恻的故事，它欣赏的不仅仅是这块石头，更是蕴含在这块石头中的一个个鲜活赤诚的灵魂。（掌声）课的神韵在最后的那个对话当中呈现出来，尽管这个过程，孩子们提的问题都没有找到答案，但是老师已经把思考人生的终极答案传递给了学生，这是问题的问题，是对问题本身的再思考，这就叫元思考，对"思考"的思考。好的对话是对学生智慧的启迪，你不要轻轻就过去，点拨与不点拨，对孩子的精神成长有很大的关系。你今天这节课点拨一下，明天那节课点拨一下，耳濡目染，春风化雨，孩子的人生智慧不经意间就被你悄悄开启了。

第三，对话，一种生命的赏识。

实际上，孩子成长的动力，更多的来自他们的伙伴，来自亲人与师长对他们发自内心的关爱、欣赏和激励。一句话，好孩子在很大程度上是夸出来的。我回想自己学语文的成长经历，就非常有体会。我作文的真正起步是在小学五年级。读五年级那会儿，我的一篇作文被我的语文老师胡老师作为范文在全班朗读。我记得很清楚，作文内容是写清明节去三界祭扫烈士墓。那里的烈士，主要是在解放三界镇的一次战斗中牺牲的，好像死了十多个战士。而被打死的敌人，数量还要多。我在自己的作文中，用了一个词来描写这个场面，这个词是我父亲教我的，可能你们都没有听过这个词——"死伤枕藉"。这个词是什么意思呢？是说敌人死的死、伤的伤，交错地躺在一起。你们听说过这个词儿吗？（台下摇头，笑声）你瞧，各位都是优秀的语文老师，教坛新秀，学科带头人，你们都没有听说过。我呢，厉害吧？那时才读小学五年级，哈哈！（笑声）开个玩笑。我的胡老师读了，当然非常高兴，他特地点出了我用的这个"死伤枕藉"，说我看的书多，用的词有水平。作文中还有什么"抛头颅呀，洒热血呀"等等，胡老师都使劲地夸我，表扬我。那真是个阳光灿烂的日子，其实我根本就记不清那天有没有阳光，阳光灿烂不灿烂。（笑声）但那次作文讲评，留给我的就是这么一种温暖的感觉。那次受到胡老师的空前表扬之后，我对作文就更来劲儿，凡是遇到那些个成语呀、格言呀、好词好句呀，能往自己作文里塞的，我就尽量往里塞。效果怎样？效果当然有，读初一时，我的作文就拿了年级的一等奖。我想自己之所以对语文那么感兴趣，跟这些老师对我的夸奖、赏识是绝对分不开的。所以，我信奉这样一个理念：好学生是夸出来的。

　　课堂当中的对话，就应该以赏识、激励为主。《只拣儿童多处行》中有这样一个教学片断，可以这样来形容它的特点：对话不息，赏识不止。课的中间，有一个交流读后感的环节，因为之前老师让学生一边读课文一边在旁边写一些批注。好，交流开始，我们注意听，听老师是怎么变着法儿夸赞学生的。

　　第一个学生："诗曰：'儿童不解春何在，只拣游人多处行。'"这是课文的话，"冰心奶奶却说：'游人不解春何在，只拣儿童多处行。'我觉得'儿童'和'游人'换一下，看出冰心奶奶心里有'儿童'，因为心里有'儿童'，笔下才会有'儿童'。"老师马上应对，他怎么对呢？老师说："是呀！心里有儿童，眼里才有儿童；眼里有儿童，笔下才有儿童。"这是一种认同式的夸赞，对吧？你顺着学生的意思，适当地加以强化、加以展开，这是对话的一种比较常见的策略。

　　第二个学生："颐和园门口，就像散戏似的，成百上千的孩子，闹嚷嚷地从门内挤了出来。在一般人看来，这群孩子是顽皮的、令人讨厌的，而冰心奶奶却把他们看成活泼、可爱的小天使。"这次老师没有应对，点了点头，这就是首肯，其实首肯也是一种对话，用肢体语言应对，有时效果反而比自然语言更好。

　　第三个学生："太阳是光明的、温暖的，冰心奶奶说孩子'小小的身躯上喷发着太阳的气息'。"老师继续用首肯应对学生的交流，这也是一种技巧啊，什么技巧？掌握对话节奏的技巧。如果一个呆板的老师跟学生对话，那就会学生说一句老师说一句，缺乏轻重缓急的变化。聪明的老师呢，就不是这样了，学生说一句，我说一句；学生接着说，我就不说，并不是一一应对，这样对话就有节奏，密的时候风都透不过，疏的时候马也可以跑过去。什么时候该延宕，什么时候该留白，这个火候都掌握得恰到好处，这个功夫，绝对要靠苦练，冰冻三尺非一日之寒。（议论声）

　　第四个学生："冰心奶奶说我们是天使，是太阳，是花朵，是春天。我们感谢她的比喻，感谢她的提醒。是天使，我们要释放可爱；是太阳，我们要释放光明；是花朵，我们要释放美丽；是春天，我们要释放明媚！"小孩子很厉害，一套一套的，连着都是排比句。这时候老师出手了，该出手时就出手嘛！（笑声）说："你正在释放着可爱、光明、美丽和明媚，不仅是我，在场的每一个人都感觉到了。"你听，对得自然吧？熨帖吧？这里面又有对话的技巧在，老师信手拈来，干什么？巧借，借孩子的话来夸这个孩子，又省心、又讨巧，顺水推舟，你就把他的话拿过来再还给他，跟打太极拳似的。（笑声）

第五个学生："读了课文我知道了，一年之计在于春，一生之美在儿童。"老师说："很好，请你在这句话的下面划上破折号，签上你的姓名。记住，这就是你的读书格言啊。"夸得过分吗？我看不过分。孩子的这句话，绝对够格言的规格。你不夸他，岂不吝啬？

第六个学生："花是美丽的，也是柔弱的；花是美好的，花期却是短暂的。生命柔弱似花，生命短暂如花，我们应当怎样延续美丽的花期呢？"老师说："了不起的是，你从正反两个方面谈花期，谈人生。你的问题值得包括我在内的每一个人去思考。我愿意把你的话记在心里，时时警策！"老师的这番应对，我们尤其需要关注他对学生以赏识为主的价值取向。技巧这东西，是随时都可能变的，要不，就不叫技巧了。但是，技巧背后的是什么呢？价值取向，那是比较恒定的。每一次应对，你都需要从正面、背面这样两个方面去倾听、去理解、去把握。只有这样，你才不会被精彩纷呈的对话技巧迷惑了眼睛。

第七个学生："我认为课文第四节'我们站了一会'读起来有点别扭，我建议加一个儿。"这孩子的心得与众不同，他这是给冰心挑刺儿呀！老师马上跟进，说："学习书本，不迷信书本；崇拜作家，不盲从作家。这是一种优秀的思维品质。"你看，一下子把孩子的发现提高到学习品质上，之后我还会讲到这个问题，不是把对话停留在一个层次上，而是像爬山一样一步一步往上递升。

随后一个学生，这个孩子的话很有意思，他说："春光，把一冬天蕴藏的精神、力量，都尽情地发挥出来了！"这个是课文里的话，"我，

把爸爸、妈妈一生蕴藏的天真、活泼释放出来了！"老师很高兴啊，老师说："你从课文的字里行间读出了自己独到的想法。这里，我愿意和在场的同学和听课的老师一起再次聆听你刚才讲过的话语。"这个学生很激动，把话又重新说了一遍。孩子重新说，其他人重新听，这不是赏识又是什么？

大家看，前前后后一共八个孩子交流读书心得，老师的对话呢，有肢体语言式的，有顺水推舟式的，有认同强化式的，有提炼上升式的，有重复呈现式的，有指点方法式的。不管这个式那个式，来个九九归一，那就是"赏识"，非常真诚非常自然的赏识，旗帜鲜明大张旗鼓的赏识。技巧我们不一定学得来，但这种精神，我们是完全应该皈依的。（掌声）

第四，对话，一种价值的去蔽。

我刚才说了，对话能不能做到步步提升，而不是原地踏步，很重要的一点，就是我们能不能面对看似很普通的对话，把其中的价值一点一点挖掘出来，我把这个叫作"去蔽"。打个比方，一株春笋，你得一层一层地将包裹在外面的笋壳剥去，才能吃到最后的那点鲜嫩的笋，是吧？去蔽，就是剥笋。

一个老师上《三顾茅庐》，课文中有这样一段话，就是刘备第三次要去拜访诸葛亮之前的一段话："时间过得好快，寒冬刚过，早春来临。刘备打算三访孔明。关羽、张飞都不耐烦了。张飞说：'哥哥不用去了，我用一条绳子把诸葛亮捆来就是了！'刘备大声斥责说：'你怎么如此无礼？这回不用你去了，只让云长同我一起去。'"这个老师让学生先自由读一读对话，然后叫学生站起来，老师读张飞的话，学生读刘备的话，第一个女生站起来读，读得很快——刘备大声斥责说："你怎么如此无礼？这回不用你去了，只让云长同我一起去。"第二个男生站起来读，跟前面的女生略有不同，我们也来听一听——刘备大声斥责说："你怎么如此无礼？这回不用你去了，只让云长同我一起去。"他中间停顿了一下，就是在"如此无礼"后停顿了一下。这个老师很敏感，马上抓住这个稍纵即逝的学情，我们来讨论讨论，这个地方读的时候需不需要停顿？说说理由。课堂上就热热闹闹地讨论开了，讨论结果，学生一致赞成停顿。理由是什么呢？

第一个说："这个地方停顿一下，是因为刘备心里想：我后面的话到底该不该说？为什么？因为他是自己的结拜兄弟呀！"

第二个说："刘备一上来就骂得很凶，他有点上气不接下气了。所以要停顿一下，好换口气，继续骂。"（笑声）

第三个说："张飞已经是第二次惹刘备生气了。所以刘备骂完第一句话以后，他要想一想，我怎么处罚张飞，因此就停了一下。"

第四个注意到了语言现象，他说："这是一个反问句，为了加强斥责的语气，就需要停顿一下。"

学生的这些看法有没有道理？依我看，很有道理！老师对这个点也抓得很准，所以抓这种稍纵即逝的学情也是一种本事。但是，你们有没有发现，老师们，四个学生说明理由的时候，老师在干吗？什么都没干，是吧？有老师说不对，不能说他什么都没干，他不是在倾听吗？专心致志的倾听，也是一种对话呀！这话从学理上说，肯定是真理，放之四海而皆准！但请注意，各位，学理是一个层面，具体问题具体分析又是一个层面。试想，你跟学生对话就是倾听，就是一言不发，这个说，你倾听；那个说，你倾听；小明说，你倾听；小丽说，你还倾听。你一天听到晚一言不发，像话吗？（笑声）

我这里要说的是，第一，这个老师学情抓得好；第二，民主氛围造得好；第三，学生的学情生成是有价值的。但是很遗憾，不知你们发现没有，四个孩子的发言都停留在哪个层面上？对！就事论事，只是停留在就事论事的层面上。

《三顾茅庐》这个故事几乎妇孺皆知，它已经成为中华民族集体记忆中的一个难以抹去的精神痕迹，这就不是一个故事就能了事的了，这就不能就事论事了。因为，这是一个文化的存在，这是一种文化符号。那么，《三顾茅庐》体现一种什么文化呢？一种如何对待人才、如何重

视人才的文化。刘备求贤若渴，刘备礼贤下士，你暂且不管刘备到底诚不诚心，刘备摔阿斗——是否假仁假义，这个我们暂且不管。但联系当时的政治背景和刘备所处的历史环境，那么，刘备需要诸葛亮，这一点应该是不争的事实吧？刘备这个时候干吗呢？打一仗败一仗，连个安身之地都没有，忙忙如丧家之犬，急急如漏网之鱼啊！但是，你不能忘记，这时候关羽、张飞、赵云，五虎上将，三只虎都已经在他身边了，是不是啊？这三位，哪个没有一夫当关，万夫莫开之勇？但问题恰恰出在这里，他们有勇，而且不是一般的勇，是大勇，是神勇！但是，谋呢？不能说他们无谋，但全局之谋、战略之谋、神妙之谋，这三位怕是够不上格的，是吧？《三顾茅庐》这个故事的文化价值就在这个地方，要成就一番惊天伟业，不能没有大智高参。有时候，得一人则得天下，确实如此。从刘备的政治眼光看，他对诸葛亮的求贤若渴、礼贤下士，还是真诚的。因为，此时他无路可走，他别无选择。所以这个学情，我们就需要重新挖掘它的文化内涵。那么，老师的对话，就需要重新定位、重新考虑。当然，这种改变现在只能是虚拟的、假想的。因为，我们不可能让这个稍纵即逝的学情原原本本地重来一次。对吧？

　　我们不妨这样考虑：第一个学生说："这个地方停顿一下，是因为刘备心里想：我后面的话到底该不该说？因为他毕竟是自己的结拜兄弟呀！"学生这样说，你要注意啊，实际上这个孩子话里隐含了重要的文化信息，已经很有价值了。只是老师没有去蔽，老师可用这样的跟进策略："是的，一个是情同手足的结拜兄弟，另一个却是尚未见面的一介书生。刘备是犹豫了一下，但仅仅就是犹豫了这么一下，他马上说出了下面的话。由此可见——"见什么？见刘备的求贤若渴，是不是？见刘备的礼贤下士，对不对？这个跟进的过程，就是对价值去蔽的过程，去蔽了，那么，"三顾茅庐"这个故事的文化象征意义也就出来了。对于诸葛亮这样的大智大贤，就应该这样去求啊！好，这个价值定位一旦明确，后面的事儿就好办多了，可以说是势如破竹、迎刃而解。

　　第二句话："刘备一上来就骂得很凶，他有点上气不接下气了。所以要停顿一下，好换口气。"老师跟进："为什么要斥责？为什么还要大声斥责？以致一口气都缓不过来呢？由此可见——"可见什么？可见刘备实在是太需要诸葛亮了，太需要智囊人才了。这样的应对，对出的是故事的文化意蕴和内涵。

再看第三个："张飞已经是第二次惹刘备生气了。所以刘备骂完第一句话以后，要想一想怎么处罚张飞，因此就停了一下。"老师跟进："是的，第二次不光是斥责，刘备还想到要处罚张飞。这又是为什么呢？"引导学生继续思考，步步逼近价值的核心，把学生往有着无限风光的险峰上推。

第四个学生："这是一个反问句，为了加强斥责的语气，就需要停顿一下。"老师跟进："是啊，如果把反问句改成这样：你真是太无礼了！行吗？""不行！""为什么？又是斥责、又是反问、又是停顿，刘备到底想告诉张飞什么？"这是文本全部的意蕴和价值，张飞啊，你个蠢物，你懂大哥的心思吗？（笑声）

这样一个去蔽的过程，让我们的对话有了理性思考的意义，这就不再是表面的，不再是就事论事、蜻蜓点水的，而是什么呢？由就事论事上升到了就事论理，这个理，就是一种价值、一种文化，这才是对话的终极关怀！所以，最后看一个课本身有没有价值，就看这个课有没有把文本的价值充分地挖掘出来，如果文本的价值没有挖出来，那么这个课再怎么热闹，再怎么花哨，再怎么流畅，我认为这样的课只能是金玉其外、败絮其中，只能是花拳绣腿，中看不中用。

第五，对话，一种真情的交融。

师生之间的感情通过什么交流呢？在课堂上，主要是对话交流。对话，一定要承载着情，只有情，才能打动学生，感人心者，莫先乎情嘛！我举个例子，贾志敏先生上过一课叫《两个名字》，很有意思的课。《两个名字》中有一句非常有趣的话：青蛙有两个名字，竹子也有两个名字。青蛙和竹子在一起时，就哈哈大笑，我们都有两个名字。贾老师在和学生对话中有一个细节，很有意思。贾老师的课一般最后环节

都是训练，思路往往别出心裁，这是他的特色。这个课，最出彩的，也就是在这最后一个训练环节上。我发现他与学生之间的对话，已经到了一种浑然一体的境界，这是很高的境界，或者说这是一种艺术，一种充满灵动、充满智慧的艺术。

贾老师先对学生这样说："你好，我有一枝铅笔。"一边说就一边和一位小朋友握手，并举起一枝铅笔。那孩子机灵呀，马上站起来说："您好，我也有一枝铅笔。"师生俩就高高兴兴地说"哈哈，我们都有一枝铅笔！"这很有趣啊！然后第二次训练，这次难度提高了，要学生先说。一个孩子站起来说："您好！我有一件衣服。"听听，不怎么像话吧？能不穿衣服来上课吗？（笑声）贾老师呢，就摇摇头，说："一件衣服不稀奇。"谁没有衣服呢？孩子聪明啊，恍然大悟："我有一件漂亮的衣服。"哎！这就对了！贾老师很高兴："我也有一件漂亮的衣服。""哈哈，我们都有一件漂亮的衣服！"你能感觉到师生之间的交流非常融洽。好，训练转入第三个层次，这时候老师说："现在你们能不能说说看不见、摸不着的东西？"才一年级的孩子啊，看不见、摸不着？那说啥呀？教室里一下子就静了下来，这个确实有难度的。突然，一只小手高高举起："您好！我有一颗爱心。"这孩子，太厉害了！所以，我们千万不要低估孩子的潜能和智慧，关键看你铺设的阶梯，你有没有这个等待的底气和耐性。贾老师很激动，竖起大拇指，很深情地说："你好！我也有一颗爱心。""哈哈，我们都有一颗爱心！"好家伙，这孩子一起头，学生们的话匣子就纷纷打开了，又一个孩子说："您好！我有一个幸福的家庭。"贾老师与学生握住手，开心地说："你好！我也有一个幸福的家庭。""哈哈，我们都有一个幸福的家庭。"

很简单，就三个层次。三个层次从表面看，语言训练一步一步地在加大，但是我们却发现了另一个现象，语言训练一步一步地在加大，师生之间的感情交流也在一步一步地加深，到最后，师生之间的感情就完全融为一体了。好的对话，应该是声情并茂的。

好，以上五个方面，心灵的抚慰、智慧的启迪、生命的赏识、价值的去蔽、真情的交融，都是从对话功能的角度来谈的，这样谈，会有一些高度，因为价值转乾坤嘛。谈策略之前，先谈谈价值关怀；而谈了策略之后，再谈谈价值皈依。这样的思考，永远有一个彼岸的引领和启示，大方向就不会出错了。

感觉的多向度敞开

　　我们很多对话之所以不成功，是因为我们只认准一条道，以为对话就是一条道路，一条道走到黑，不到黄河不死心。（笑声）但事实上，对话怎么可能只有一跳路呢？条条大路都可以通罗马。作为一种高级的精神现象、生命活动，对话的路径、对话的维度、对话的取向，几乎有着无限的可能。我讲一个寓言故事，说有一天，狼发现山脚下有个洞，各种动物由此通过。狼非常高兴，它想，守住山洞就可以捕获到各种猎物。于是，它堵上山洞的另一端，单等动物们来送死。第一天，来了一只羊。狼追上前去，羊拼命地逃。突然，羊找到一个可以逃生的小偏洞，从那个小偏洞仓皇逃窜。狼气急败坏地堵上那个小洞，心想，这一下该不会功败垂成了吧？第二天，来了一只兔子。狼奋力追捕，结果，兔子从洞侧面的更小一点的洞口逃了出去。于是，狼把凡是能找到的大大小小的洞全堵上了。狼心想，这下该万无一失了，别说羊、兔子，就连更小的动物也甭想逃走了。第三天，来了一只松鼠。狼飞奔过去，追得松鼠上蹿下跳。结果呢？还是没逮到，松鼠楞是从洞顶上的一个细小的窟窿中钻了出去。把狼给气的！差点没跳崖自杀。于是，狼重新对这个洞作了一番彻彻底底的安全工作检查，（笑声）堵住了山洞里所有的小窟窿，这一次，算是堵得滴水不漏、天衣无缝了，狼对自己的工作也非常满意。第四天，没想到啊！天有不测风云，来了一只老虎。（笑声）好家伙，把狼给吓得撒腿就跑。老虎呢，正饿着，眼都绿了！好不容易发现一顿美餐，哪能善罢甘休？来个穷追不舍。狼没命地跑，老虎拼命地追，好嘛！两位都不要命了。（笑声）最终，可怜的狼因为找不到出口，哪还有什么出口啊？连透气的小窟窿都给堵上了不是？狼生

生地被老虎吃了。

对于这个寓言，我们来听听不同人士的不同说法。我觉得挺有意思。哲学家说："绝对化意味着谬误。"这话很熟，是吧？真理向前多跨半步就成了谬误。宗教学家说："堵塞别人的生路，意味着断了自己的后路。"环境学家说："破坏原生态及其平衡者必定会自食恶果。"经济学家说："预算和计划都要留有余地。"（笑声）军事学家说："除非你是百兽之王，否则，别想占有整个森林。"法学家说："凡规则皆有例外，恶法非法。"农民说："不留种子就会断子绝孙。"（笑声）同样一个故事，不同的人说了不同的话，不同的感悟，给了我们不同的启发和思考。实际上，这就是一个对话，不同身份、地位的人对这则寓言的对话。你看看，他们的对话路径相同吗？对话维度一致吗？

我想，这个故事本身对于我们的课堂对话，是有思考意义的。教师和学生应对，首先要找到应对的方向、维度、路径，然后才是具体的应对技巧和办法。任何应对，一定存在多种方向、多种维度、多种路径。老师要成功地应对学生，方向一定要敞开，东门南门西门北门，无墙便是门啊！我举个例子，课堂上，学生的表现不外这么几种：第一就是起来读课文，第二就是起来发言，第三就是他写了一点东西然后起来念一念，第四就是上台板书或者表演个动作什么的。学生在课堂上的表现大概不出这几种。这几种，都应该有个对话过程吧。我现在就说其中一种，读课文，你看这个简单吧？简单！学生站起来读课文，读完了，你得有个交代不是？你要应对一下吧？就这么一种类型的应对，能不能多向度地敞开呢？怎么敞开呢？我们来听一听——

第一，我们可以针对他的学习状态敞开。学生课文读完了，你可以这样应对："你是第一个举手的，冲着这一点，我就要大书特书地表扬你。"可以吧？当然可以！这是针对学习状态的敞开。

第二，针对学习方法的敞开。"哎！这个词你有意把它念得这么轻，我知道，你是在表达作者的思念之情啊。"这是什么向度？这是针对学习方法的敞开。

第三，针对学习质量的敞开。"那么长的一段话，你不但没念错一个地方，还读得这样通顺，这样字正腔圆，可见平时的基本功是相当扎实的。"又是一个向度，学习质量的向度。

第四，针对学习内容的敞开。"从你的朗读中，我听到了作者对母亲的深深的怀念，也听到了作者对自己深深的自责，你真的读懂了。"把应对的视角集中到学习内容上来。

第五，针对思维方式的敞开。"你读出了自己的独特感受和体验。你的读，与张晓娴不同，与王健不同，你的读，思念中饱含着感激之情啊。"看看，体验方式、思考方式不同。

第六，针对情感体验的敞开。"你把自己放进去了，你已经走进了作者的内心世界，你不是在读文字呀，你是在替作者，不，你就是作者，你在向自己的母亲倾诉啊。"针对情感体验的敞开，已经走向了人课合一的境界了。

已经列举了六个向度、六种应对的路径了，是吧？你看，角度多不多？那么，还有没有不一样的对话向度呢？当然有！

第七，针对思想认知的敞开。"经你这么一读，这段文字的意思就全明白了，不需要再说明什么了。所以，有了疑问，最好的方法还是读书啊。"你看，又出来一个。

第八，针对话语表达的敞开。"你的声音太有魅力了，那么浑厚，那么有底气，简直就是中央电视台的小赵忠祥啊。好好努力，争取让赵忠祥下岗。"已经八个了，再换一个。

第九，针对动态变化的敞开。"听得出，你在努力，你在一点一点的进步。跟第一次朗读相比，我简直不敢相信自己的耳朵了。"你听听，多好的一个应对向度！

第十，针对语文知识的敞开。"注意，你想强调哪层意思，你就重读哪个词语。试试看，这样读，有没有这种效果。"已经找到十个角度了，还有吗？

第十一，针对文化背景的敞开。"孔子说，三人行，必有我师焉。

孩子，说真的，这段话的朗读，我应该向你学习。我为有你这样的学生而感到自豪啊！"这些都是技巧啊，老师在应对的时候，加一个成语、加一句格言、加一个典故之类的，整个感觉就不一样，显得你有文采，有文化积淀，有文化品位。

第十二，针对学习要求的敞开。"同学们，读是我们学习语文最基本的方法，古人说，读书时应该做到'眼到、口到、心到'。我看，你今天完全做到了这个要求。"

我不厌其烦、啰里啰嗦地列举了十二个应对的向度，只想说明一个问题，应对学生读课文这么一件简单的事儿，你把自己的对话感觉敞开了，也有这么多向度，十二种，肯定不止。我们的对话之所以中断，之所以失败，那是因为，我们就是课堂里的那只"狼"，把所有的对话之"洞"统统都堵死了，我只等着你钻我这个洞。这不是找死吗？不是把自己往绝路上逼吗？所以，你要跟学生对话，你就要留有足够的余地。向度越多、路径越多，你在对话的时候就越从容、越洒脱，兵来将挡、水来土掩、逢山开路、遇水搭桥，你还愁个啥呢？这叫思路决定出路，你思路越多，出路自然也就越多。（掌声）

走向对话视域的融合

我刚才讲了十二招，这是我自己的实践心得。说老实话，课堂里面很多招数，不过是一层窗户纸。你不捅，别人什么都看不清；你一捅，哦！原来这么简单？就这个，谁不会呀？你看，事情一捅，一露底，就不值钱了吧？（笑声）所以，我就留了一手，还有十二个向度，还有十二招，今天我暂时不讲了，你们抽空自个儿琢磨去吧！（笑声）那么，最后，我再讲点应付课堂对话中的一些突发事件的招数，剑走偏锋、招招见血。课堂里的突发事件，是难以预料到的，是突然来的，是不是啊？你学会了这些技术，就可以化险为夷。当然，也是更重要的，它们可以促进学生的精神更好的成长。对话中的一些随机矛盾、一些带有戏剧性的冲突，往往是对话的重要契机，对话，不仅要因势利导，也要随机应变。一个"机"，契机、时机，一个"势"，情势、趋势，你都能很好地加以把握和利用，实话告诉你，你想不成功都困难！（笑声）

好，言归正传，先说让师生对话走向视域融合的第一招，让学生用他们的方式理解我的言说。这是一种操作层面上的技巧，本来是我去理解学生的言说，现在呢，来个逆向思考，让学生先来理解我的言说。这样，对话的主动权就可能掌握在你的手上。我举个例子，你就明白了。支玉恒先生上《地震中的父与子》，读完全文之后，支老师让学生写一写自己的真实感受。要求是，把自己的感受归结成一句话。如果能写成格言、写成警句，那就更棒。学生先写感受，接着是全班交流。一个学生说："这对父子太了不起了！"一句话，支老师说："大白话，但却是大实话。"老实说，学生写得不咋的，但老师应对得却非常出色啊，大白话转为大实话，这个境界不就上去了吗？所以，跟学生对话，做老师的就要有这个提升他的本事才行。第二个学生说："父爱的力量是无穷的。"支老师说："这句话很好，写到黑板上去。写完后再署上你的大名。虽然只是一句话，也是一种创作，所以要有作者的署名。这是你的权利。"听听，这话头接得多好！把学生的写话提高到创作的高度来看待，还给个署名权，多刺激！接下来是第三个学生："谁言寸草心，报得三春晖。"支老师说："引用了一句古诗，歌颂母爱的。但用在这里表达父爱的伟大，也很贴切。因为父母的爱都是伟大而无私的。写到黑板上去，别忘了写完名字后加上'引用'二字。"这话，说得滴水不漏，点来历、点主旨、点方法、点细节，真正的细致入微啊！第四个学生："父爱似山，给了我们无穷的力量；父爱似海，给了我们幸福的源泉。"支老师说："啊！简直就是一句赞美父爱的格言警句。写上去，赶紧写上去。"第五个学生说："爱的力量是创造奇迹的源泉，我为爱心欢呼万岁！"支老师说："非常好！我也要为你现在的表现欢呼万岁。"

这前五个，大家看出来了吧，都挺好挺顺的，是吧？这些对话，看不出矛盾，看不出冲突，都是和风细雨、春风化雨似的。到了第六个学

生，好了！问题来了，矛盾来了，自然，对老师的挑战和考验也就来了。第六个学生说什么呢？他说："当别人对你说话时，你一定要信任他。"好嘛，逮谁信谁，正好和我们的一个电视剧唱反调，《不要和陌生人说话》。（笑声）这就是突如其来的状况，你能预约吗？除非你有特异功能，你有佛陀的"他心通"的神通。哪有神通啊？有神经还差不多！（笑声）前面很顺，孩子说得很好，这下可好，让你一下子陷入窘境。碰到这种情况，老师们心里都叫苦，这不哪壶不开提哪壶吗？

　　看看支老师怎么应对，大师就是大师，闯荡江湖几十年了，支老师想必一定已经练成了金钟罩、铁布衫了，啥都不怕，气定神闲。（笑声）第一步，支老师说："请你再读一遍刚才的话。"一般说来，"再读一遍刚才的话"，无非包含两层意思，第一层意思，对不起，我没听清楚；第二层意思，那就带有暗示的味道了，孩子，你说错了。是这两层意思吧？我们现在是旁观者，当然清楚。可那孩子呢，当局者啊，又是一根筋，愣是啥都不明白。你让我再说一遍，我就响响亮亮地再说一遍，看你把我怎么样？支老师呢，显然已经觉察到孩子没能自我觉悟，是不？那就点他一下呗，于是，支老师这样说："孩子，要是坏人对你说话，你也信任他？"注意啊，这是一个技巧，一个招数，用学生自己的方式来理解我的言说。前面，"请再读一遍你刚才的话"，他不理你，怎么办？马上变换角度，"孩子，要是坏人对你说话，你也信任他？"换了孩子能理解的话，这个角度孩子能理解吧？学生马上就沉默了，瞧，效果出来了。你别小看沉默，这就是老夫子所讲的"不愤不启，不悱不发"的状态。当然，不能让学生老是沉默下去，将沉默进行到底，那这个课非得砸锅不可。

　　支老师马上说："不要紧，我知道你并没有这个意思。"肯定没有这个意思。"你想强调人与人之间要有起码的信任，是吗？"学生点点头："是的。""能不能修改一下你的话，让它更能表达你心中的感受？"给学生一个台阶，积极地说，应该是给学生一把往上攀爬的梯子。这学生还真开窍，马上就改："人与人之间要相互信任，只有信任才能产生爱的力量。"听听，前后之间，简直判若两人！这就是对话的力量。支老师高兴啊，说："我没看错你，因为我充分信任你。"这话说的，绝了！你看，关于信任的力量，这不是现身说法吗？还有比这更有说服力的吗？我刚才讲了，让学生用他的方式来理解我的言说，"要是坏人对你说话，你也信任他？"这是第一句，反问，问出话中的问题来，让孩子明白，他错了。"不要紧，我知道你并没有这个意思。"这是第二句，主动替学生解围，不能让那孩子将沉默进行到底。"你想强调的是人与人之间要有起码的信任，是吗？"这是第三句，这一句最重要、最关键，把学生话中埋得很深很深的言说意图给挖起来、亮出来，除了极个别学生，绝大多数孩子这时都能调整自己的意图表达了。这些，都是老师在充分倾听充分理解孩子的言说之后，一种艺术性、智慧性的对话过程。

　　第二招，让自己站在学生的位置上言说。这又是一个非常重要的技巧，我说自己的一个失败的课例。家丑啊，本来不想外扬的。（笑声）有一次上《我的战友邱少云》，中间有一个片断，有这样一段话："为了整个班，为了整个潜伏部队，为了这次战斗的胜利，邱少云像千斤巨石一般，趴在火堆里一动也不动，烈火在他身上烧了半个多钟头才渐渐熄灭。这位伟大的战士，直到最后一息，也没挪动一寸地方，没发出一声呻吟。"学这段话时，我先让孩子找一找邱少云和千斤巨石之间的相同点。有的说他们都不会动，有的说他们都不会出声，有的说他们都不怕烈火焚烧等等等等，说了一大通。这时，我就插了一段激越的讲述"是的，邱少云像千斤巨石一般，趴在火堆里一动也不动。但是，孩子们，你们不要忘记，千斤巨石是什么？那是一块石头。而邱少云呢？他是石头吗？不是，他是一个活生生的人，一个有血有肉有感觉的人啊！"我说到这里，现场一片沉寂，谁也不再出声，然后，我又接着说："你们谁被火烫过？第一反应是什么？"有的说，我马上缩回来；有的说，我尖叫一声；有的说，我马上用水冲。我又说："这是你们的反应，其实也是每一个被火烫着的人的本能发应，但是，邱少云呢？他

诗意语文
176

的表现是什么呢？"我就放了一段视频，这是一个特写镜头，刻画的就是烈火烧身的邱少云纹丝不动的伟大壮举。我一边放视频，一边充满激情地解说："看！这就是邱少云，这就是烈火烧身的邱少云，这就是纹丝不动的邱少云，这就是趴在火堆里一动也不动的邱少云，这就是直到生命的最后一息，也没挪动一寸地方、没发出一声呻吟的邱少云！"我讲完了，视频也放完了。

于是，我又说，面对这样的英雄，你有什么话想对他说。第一个学生说，邱少云，你真是好样的；第二个学生说，邱少云，你不愧是一位伟大的战士；第三个学生说，邱少云，你的痛苦更让我看到了你钢铁般的意志；第四个学生说，邱少云，你真是个傻瓜。（笑声）别笑，这可是个真事儿。这个胖乎乎的男孩儿，我永远也不会忘记他。（笑声）这个男孩儿，站起来就说，邱少云，你真是个傻瓜。一点儿都不带含糊！我当时就傻了，（笑声）听课的人都傻了，包括他的班主任老师。那位班主任老师做梦都想不到，自己班里会突然冒出这样一个傻小子来！（笑声）绝对想不到！我怎么办呢？我迅速作出本能反应："傻瓜？胡说！坐下！"（笑声）然后呢，傻小子就灰溜溜地坐下了，然后呢，我就灰溜溜地将剩下的课来个草草收兵。为什么？没法儿上，没感觉了，什么感觉都没有了！那个课呀，上得那叫狼狈呀！（笑声）

回来以后，静下心来一想，这一次丢人算是丢到家了。我心说，王崧舟啊王崧舟，你是谁呀？好歹也是一名特级教师吧？这种课，这种场合，别说特级教师，一个普通教师也不至于这样对待一个孩子吧？哪怕你心里一千个不情愿、一万个不答应，至少在面子上，你也不能这样去伤害一个孩子的尊严吧？我那个后悔呀，就甭提了！可是，世上没有后悔药啊！怎么办？吃一堑、长一智呗。还能怎么办？痛定思痛、吸取教训、亡羊补牢、为时不晚。

于是，当天晚上，我就开始思考，哪天要是再冒出这样一个傻小子，我怎么应对呢？我不能凭本能反应呀？我得接招呀？第一夜，没想出来；第二夜，还是没想出来；直到第三夜的四更时分，（笑声）四更起来干什么？上洗手间方便呐。（笑声）你还别说，方便就是放松，放松了就来灵感了，思之思之，复又思之，思之不得，鬼神通之。突然，一个绝妙的对策冒了出来。把我给乐的，心说，这下好了，再来十个傻小子我也不怕了。（笑声）

于是，我就盼着有人请我去上邱少云，就盼着在课堂上冒出一个傻小子来。第一次，没有；第二次，也没有。（笑声）我的心凉了一大截，恐怕再也不会冒出第二个傻小子了，千年遇一回吧。（笑声）到此为止了，别再指望了，第二个傻小子还没出生呢。（笑声）就这样，一晃一年多过去了。这事儿，我也都快忘了。

没想到，机会终于来了！（笑声）那次，去外地讲课，讲的还是邱少云。会议规模相当大，台上台下黑压压地坐满了听课的老师。我上着上着，课就不知不觉地上到了冒出傻小子的那个节骨眼上。第一个说，邱少云，你太了不起了；第二个说，邱少云，你就是烈火金刚；第三个说，邱少云，换了我，早就挪地方了。孩子话音刚落，把我乐的（笑声）。我的天，盼星星盼月亮，好不容易盼到这一回啊！但是，表情上我还不能显露出来，是不是？不能让人家看出我是有备而来的，那样不就显不出咱特级教师的水平了吗？（笑声）这个时候，会场上几乎所有的人，都把目光齐刷刷地聚集到我的身上。心说，有好戏看了，这一回倒要看看，特级老师到底"特"在哪儿？我呢，一开始先作思考状，（笑声）低头，五秒钟，然后，抬起头，清清嗓门儿，郑重其事地说："孩子，你是不愿意看到邱少云死，是吗？"那孩子不住地点头，我继续说道："将心比心，谁不想活下去，我理解你，而且我相信，邱少云当时肯定也有这样的念头。"你注意啊，你要站在学生的位置上，来个换位思考，主动权就过来了。我接着说："但是，同学们，你们再仔细听，作为一名军人，一名以服从命令为天职的军人，他一定会听到另一种声音，另一种更强烈、更坚定的声音，谁听到了？"一只、两只、三只、五只……举手的同学越来越多，我一看，是时候了！第一个说："邱少云，你可不能动啊！你一动，身后的整个班、整个潜伏部队都将

被敌人发现，战友们将会遭受重大伤亡，如果你一个人的牺牲能够换来战友们的平安，死也是值得的。"你看，效果出来了吧？第二个说："邱少云，战友们在望着你，朝鲜人民在望着你，祖国人民在望着你，你是好样的，你一定能够坚持住的。"你听听，《黄继光》中的词儿都用上来了。（笑声）第三个说："邱少云啊邱少云，你不是希望自己成为一个真正的钢铁战士吗？烈火可以烧毁你的身体，但烈火永远烧不毁你坚强的意志和伟大的精神，你将在烈火中得到永生！""哗！"台下一片掌声。我相信，那掌声一半是送给孩子们的，一半也是送给我的。

课后，老师们就议论开了，哎呀！特级教师他就是特级教师，到底不一样呀！这才叫智慧呀！我心里那个乐呀，你们晓得啥呀？我这是用血的代价换来的呀！当然喽，前面的丑事我是肯定不能告诉他们的。（笑声加掌声）

后来我就反思，第二次为什么成功，第一次为什么会失败，我想，第二次是因为我站到了学生的位置上，所以对话能够有效地展开，我也掌握了主动权。你不要以为智慧是很玄很空的东西，智慧是事件不断累积的升华，是经验不断提炼的顿悟，智慧是需要大量技术大量策略支撑的，倘若没有事件、没有经验、没有这种技术和策略的支撑，那就没有什么智慧可言。

天才当然有，准确的说应该是"天赋"，由天赋再到天才，前一个"天"是与生俱来的意思，后一个"天"是卓尔不凡的意思，由天赋到天才，需要一个经验酝酿的过程、一个智慧砥砺的过程，因此，类似这样的对话技术和经验，对教师的专业成长非常重要。

好，现在讲讲最后一招，主动掌握言说的意义。课堂上，老师是平等对话中的首席。首席得有个首席的样儿不是？现在有些人对新课程的理解有偏颇，过分强调要尊重学生的主体地位，学生愿意怎么学就怎么学，学生学到哪儿就算到哪儿。这是一种很浅薄很庸俗的观念。你放任自流试试看？你脚踩西瓜皮试试看？你一点不灌输一点不讲解一点不实打实地训练试试看？开玩笑嘛！优秀是教出来的！师生对话，教师就应该掌握言说的主动权。

我们看一个《丑小鸭》的片断。《丑小鸭》已经临近尾声，那是在丑小鸭成了美天鹅的时候，是在学生尽情地欢呼着美天鹅、羡慕着美天鹅、赞美着美天鹅的时候。突然，教室的一个角落站起一个学生，说道："我认为，丑小鸭没什么可高兴的。因为，她本来就是天鹅蛋孵出来的，她长大了当然就是天鹅喽！总不会变成鸭子吧？"

孩子这番话，仿佛一瓢冷水，一下子将全班学生的热情给浇灭了，一个个都泥塑木雕似的愣在那儿。是的，这个学生说得没错。面对这种突变、这种矛盾，你如何应对呢？你假想一下、虚构一下，你碰到了，你会如何处理？好！现在我们看看这位老师的应对策略。

第一步，老师说："你说得没错，丑小鸭长大了肯定是只天鹅，其实它小时候就是一只天鹅，所以才长得这副模样儿。"先肯定合理的一面，稳住阵脚。是不是？第二步，老师继续说："但是"，注意啊，中国人说话，"但是"前面说得再漂亮、再动听，全是废话。真正的意图，从哪儿开始？从"但是"开始，这后面的话才是我言说的真实意图，是不是？（笑声）老师就说："但是，请同学想一想，假如丑小鸭在成长过程中没有经历那么多磨难，假如丑小鸭面对种种困难和挫折害怕了、退缩了，重新回到了那个充满嘲笑、充满歧视、充满侮辱的鸭场，那么你想一想，丑小鸭长大了能不能成为一只真正的天鹅？"高！厉害！四两拨千斤！这个应对，好就好在"真正"二字！言说的意义，因为"真正"二字得到敞亮、得到澄明。

大家知道，《丑小鸭》这个童话，不是知识童话，是个人文童话，它要讲的不是丑小鸭变成美天鹅的高科技知识，那是现代生物工程的事儿。（笑声）它要讲什么？它要讲一个灵魂的成长史，一个高贵的灵魂总有一天会被他的同类所确证。所以，这个老师的智慧在哪儿？在彻底点化了一个灵魂的存在意义和价值，丑小鸭能不能成为一只真正的天鹅？关键不是形似，不在外表的同类，而是一种气质、一种精神、一种追求高贵、追求美的憧憬。"真正"一词，彻底划清了生物学天鹅与人文学天鹅之间的界限，老师永远掌握着对话的主动权。

各位老师，对人类自身存在的关注，是人与人对话的核心问题。人在语言的世界里对话，也在超语言的世界里对话。因为，对话不仅是一种交际手段，更是一种生命的内在诉求。对话不仅是一种信息交换，也是一种价值交换，还是一种感觉交换。对话不仅是语言、思想的馈赠，也包括了人类生存方式的相互参照。

对话建立了一种相互敞开、相互依存的关系，对话是生命的相互烛照，是存在的相互趋近，是自我与他人共同"在场"的相互审视和相互认证。生命在对话中敞亮，存在在对话中展开，主体建构在自我与他人的对话中实现。不同样态的生命安顿，在"辉煌敞开"的对话中，相互叩问、相互聆听，共同寻找生命的意义，共同拆除囚闭之墙、搭建抵达之桥。

我记得培根曾经这样说过：没有友谊，世界只是一片荒野。我们同样可以说：没有对话，课堂将没有和风，没有蓝天，没有阳光；没有对话，语文的精神家园将在自我关闭中沦为颓败的风景。可以这样说，呼唤对话，就是呼唤理性。拒绝对话，就是拒绝诗意地栖居。谢谢大家！
（热烈的掌声）

复活感性，回到语言的生命源头

时间　2006 年 7 月 16 日
地点　杭州市拱宸桥小学
活动　第三届诗意语文高级研修班
整理　肖绍国

今天我们谈谈"感性教学"技术。我始终认为，诗意语文是一种感性的语文，感性的语文必须用感性的方式去学习，这叫作"一把钥匙开一把锁"。语文教学面临许多尴尬，比方说，语文设科已经一百来年了，但是直到今天，究竟什么是"语文"还是你说你的、我说我的、公说公的、婆说婆的。（笑声）再比方说，语文教学有很多方法，每一次语文教学改革，到最后都会革出一大堆方法来。前不久，我翻看一本书，叫《语文教学法大全》，好家伙，里面介绍了一千多种语文教学方法。我一看出版日期，那还是五年以前的书了。这要搁在今天，那还不得再整出个一千多种方法来呀！（笑声）什么识字一百法、写字一百法、阅读一百法、习作一百法、口语交际一百法、课堂练习一百法、系统复习一百法，外加综合性学习一百法，我看，要想统统拿下，怕是一辈子都没有办法。（笑声）但是，各位，你想过没有，这个法、那个法，有多少种方法才是语文教学的真法？才是真正属于语文自己的方法？（议论声）

语文之道

我觉得，这是我们必须反思的一个带有根本性的问题，那就是语文教学方法论问题，或者说，"语文之道"问题。在那么多所谓的语文教学方法中，有很多方法并不适合于语文教学和语文学习。我们总是习惯于用数学的方法、科学的方法、知识的方法、道德的方法来教语文、学语文，结果如何呢？用吕叔湘先生的话来说，还是四个字——少、慢、差、费。积累少，见效慢，素质差，用时费，跟"多快好省"正好反了个个儿！是不是？（笑声）

　　语文是感性的，所以，语文教学和语文学习也必须以感性为主。所谓语文是感性的，我想，至少应该包含这样几层意思。第一，语文课程内容是感性的。语文是什么？有人曾经这样富有诗意地表达过：

　　"盈盈一水间，脉脉不得语"，是语文，语文是牵手的一瞬间。

　　"咽不下金莼玉粒噎满喉，照不见菱花镜里形容瘦"，是语文，语文是菱花镜里模糊的泪眼。

　　"路漫漫其修远兮，吾将上下而求索"，是语文，语文是艰难跋涉中的一声慨叹！

　　"天尽头，何处有香丘"，是语文，语文是香冢上花影的摇动。

　　"身既死兮魂以灵，子魂魄兮为鬼雄"，是语文，语文是不闭的眼睛。

　　"至今思项羽，不肯过江东"，是语文，语文是气节里执著的坚定。

　　"可怜身上衣正单，心忧炭贱愿天寒"，是语文，语文是车轮碾过的卖炭翁的哭声。

　　"安得广厦千万间，大庇天下寒士俱欢颜，风雨不动安如山"，是语文，语文是寒风里诗人呐喊后的沉默。

　　"这北国的秋，却特别地来得清，来得静，来得悲凉"，是语文，语文是清秋时节里那飘零的枯叶。

　　"我是你河岸上破旧的老水车"，是语文，语文是老水车吱扭声里河水慢慢地流过。

　　原来，语文是一种诗性的光辉，一种浪漫的情怀，一种自由的精神，一种高贵的灵魂，一种抒写生命、寄托生命、实现生命自身的尊严和价值的感性存在。（掌声）

这是第一，那么第二呢？

第二，学生是以感性的方式掌握语文的。我觉得，这一点是跟数学学习比较而来的。数学学习，主要靠理性、靠逻辑思维，在掌握概念、命题和推理的过程中进而掌握整个数学知识体系。所以，数学学习，更多地表现为"举一反三"。而语文学习却不一样，如果语文学习跟数学走一样的道，那这条道只会越走越窄，最终一定只有死路一条。小学阶段的学生，他们的心理发展正处于感性时期。就是说，他们的心理特征往往是形象观照长于抽象演绎，情感体验胜于理性把握，直觉顿悟优于逻辑分析，想象再现强于实证推理，感性能力是他们的优势、他们的最近发展区。

事实证明，他们正是在大量接触感性的语文材料、投入感性的语文实践活动中掌握语文的。说白了，他们是在读书中学会阅读的，是在习作中学会作文的，是在口语交际中学会听说的。积累、感悟和运用，是他们学习语文、掌握母语的不二法门。那种用数学学习的方法，靠传授大量抽象的语文知识来学语文，那是决计培养不出良好的语文素养的。那么，这样一个感性学习的过程，更多地表现为一种"举三反一"，而不是学数学的那种"举一反三"。

各位，既然语文是感性的，那么，我想，顺理成章、水到渠成，语文教学、语文学习也应该是感性的，准确地说，应该是以感性为主的，对不对？什么是感性的教学呢？我举个例子吧，《我的伯父鲁迅先生》中有这样两段话：

"走到离伯父家门口不远的地方，看见一个拉黄包车的坐在地上呻吟，车子扔在一边。我们走过去，看见他两只手捧着脚，脚上没穿鞋，地上淌了一摊血。他听见脚步声，抬起头来，饱经风霜的脸上现出难以忍受的痛苦。"

有经验的语文老师，一般都会关注其中的一个词语——饱经风霜，是不是？因为，第一，这是一个成语，要理解它不能望文生义。第二，这个词语很好地刻画了车夫的外貌特征，理解了这个词语，可以更好地理解车夫的社会地位和生活境况；理解了车夫的社会背景，就能帮助学生更好地理解鲁迅先生的那种"俯首甘为孺子牛"的博大情怀。对不对？所以，大家在备课时都会特别留意这句名言。

但是，留意归留意，等到具体的语文教学时，处理方式、操作方式，还是会因为理念的不同而有很大区别的。

第一位语文老师怎么处理呢？事先他让学生做了很好的预习，该解释的解释，该查字典的查字典，反正做了相当充分的预习。那么课上到这个地方，读到这段话，老师就问：你们有谁知道饱经风霜是什么意思？因为事先做过预习嘛，所以学生的反应还是比较踊跃的。第一个孩子站起来就说："老师，饱经风霜就是指一个人吃饱了风、吃饱了霜。"（笑声）就这答案，把老师给气得，脸一沉："吃饱了风？吃饱了霜？喂！你吃过风吗？你吃过霜吗？风霜是用来吃的吗？拜托！动动脑子，好不好！"（笑声）那孩子就灰溜溜地坐了下去。（笑声）

第二个孩子说了："老师，饱经风霜就是指一个人吃了很多很多的苦头。"（笑声）老师的脸色马上就来了个多云转晴。（笑声）"嗯，你说得不错嘛！大家看，她就比他聪明，是不是啊？她看到风霜，就知道那不是风霜，是什么？对，是苦头。这就对了嘛！"（笑声）但是，老师还是不太满意这个同学的回答，就继续问："谁查过词典啊？谁还有更准确的答案啊？"

第三个学生站起来，抖擞精神、铿锵有力地说："老师，我查过！饱经风霜就是形容一个人经历了很多的艰辛和磨难。"哎呀！这下把老师给乐得！对对对！就是这个意思！于是，老师让这个学生领读标准答案，全班学生跟读。一遍不够，两遍；两遍不够，三遍。直到全班学生闭上眼睛都能脱口而出，这才放心地继续往下讲。（笑声）

各位，你们看看，这个过程简单吧？简单！太简单了！是不是？（笑声）有效吧？有效啊！当然有效！（笑声）你不信，马上出道题目考考，考什么呢？不用多考，解释带点词语的意思，让谁带点呢？"风霜"！"饱"和"经"不用解释，地球人都知道！（笑声）就让学生解释"风霜"的意思。好！我可以保证，这个班百分之九十八的孩子肯定通过。一两个没通过，那不是老师的教学有问题，而是这一两个孩子的脑子有问题。（笑声）你看看，又简单又有效，多好啊！（笑声）你们都在笑，我就知道你们心里怎么想的了。这样一种处理方法，到底好不好？我们先搁一搁再说。

第二位老师怎么上的呢？这就开始触及感性教学的这个实质性问题了，我们一起来听一听。

第一步，老师问："同学们，请闭上眼睛想一想，在生活当中，你们有没有看到过'饱经风霜'的脸。如果有，请你们举手示意一下。"结果，"哗啦"一声，底下小手举起了一大片。我心说，我的妈呀！这么多饱经风霜的人啊！（笑声）

第二步，老师继续说："那么，现在就请你用自己的话来说一说车夫的这张脸，要求是不能使用'饱经风霜'这个词语，但要把这个意思说出来。"说实话，这个要求是有难度的。但是因为有前面的那个环节，把孩子的生活体验激活了、调动起来了，所以，尽管有难度，还是有不少学生举起了手。第一个说："老师，我看到那个车夫额头上面布满了一道又一道皱纹，嘴唇干裂干裂的，有一道一道的裂纹，眼眶深深地陷进去，颧骨高高地突出来。"老师说："对！这就是饱经风霜的脸。"第二个说："老师，我看到那个车夫的脸蜡黄蜡黄的，他实际上只有三十来岁，但是看上去却已经有五十好几了。"老师说："对！这是一张饱经风霜的脸。"第三个说："老师，我看是这样的，他的头发乱得像一堆稻草，脸精瘦精瘦的，就剩一张皮了，明显得营养不良。"老师说："对！这就是饱经风霜的脸。"好嘛，三个人，三张脸，张张不说"饱经风霜"，张张说的又都是"饱经风霜"。（笑声）

第三步，老师又说："同学们，那你能不能从这张饱经风霜的脸上看出一些别的什么来呢？"看人要用两只眼睛，一只看人的外貌、模样，另一只呢，就要看这个人的一些潜在的东西，比如他的职业、身份、社会地位、文化背景、性格特点、为人处世等等。那么，学生从车夫的这张脸上能够看出什么来呢？一个说："我知道那车夫干活肯定非常累，没日没夜地拉车，不管是烈日酷暑，还是暴风骤雨，为了家庭生活，他要拼命干活。"一个说："那车夫的家里肯定很穷，估计是吃了上顿没下顿。"一个说："我估计那个车夫的身体肯定不好，他生了病，是带病拉车，他肯定是被生活所逼，没有办法，本来他应该休息。"

第四步，老师接着说："是呀！就是这样一个车夫，那么冷的天，他居然还赤着脚在拉黄包车。现在，他的脚被玻璃的碎片刺破了，躺在地上痛苦地呻吟，他想起来却又起不来。如果你当时就在现场——"这后半句话根本就不用老师说了，哪个学生还会不明白呢？一个说："我要在场，那我一定把身上所有的钱都掏出来给他。"也不知他身上到底有钱没钱？（笑声）爱心可嘉呀！一个说："那我就用黄包车把他拉到人民医院去。"老师心说，就你这点力气，拉得动吗？（笑声）你管他拉得动拉不动，心动了就成了呗！（笑声）第三个说："我在现场的话，就立马打电话给我爸爸，因为我爸爸是一外科医生。"（笑声）第四个说："我谁也不打，就打110，把警察叔叔叫来。"（笑声）那时哪有什么110啊？011都没有！（笑声）老师说："同学们，我很感动，因为，你们都是一批富有同情心的孩子。那么，让我们来看看，鲁迅先生是怎么对待这个黄包车夫的。"

大家看，教的是同一个词语，饱经风霜，但是，处理的方式、操作的方式却有着天壤之别。一个，三下五除二，就这么简简单单地解决了，看起来效果好像不错。一个，又是体验、又是猜测、又是想象、又是感悟，出生入死，翻江倒海，将"饱经风霜"的形象、情味和意蕴演绎得酣畅淋漓、一片锦绣。效果如何呢？不得而知。

那么，好吧！我们来个突然袭击吧！这两个教学片断，是我们在一次教学调研中偶然发现的。因为觉得很有意思，很有深入思考的必要和价值，于是，调研活动过去两个月之后，我们在没有通知任何老师、任何学生的前提下，组织了一次效果检测。检测的题目很简单，就两道。第一道，请学生在括号里填上可以用来形容一个人脸的词语，要求是正

诗意语文

190

确恰当，越多越好。第二道，请学生观察《父亲》这幅油画，然后用自己的语言来写一写《父亲》这张脸。"父亲"是一幅相当著名的油画，我读师范的时候就在画册里看到过。"父亲"这张脸，是一张典型的具有中国特色的饱经风霜的脸。一位黄土高原上的老汉，古铜肤色，满脸皱纹，头上裹着白色的羊肚巾，眼睛深邃而忧郁，手上端着一碗浑浊的水。就这么两道检测题，40分钟一节课完成。试卷改出来之后是个怎样的情况呢？第一道，能够写出"饱经风霜"这个词语的，一班，就是前面那个班，占了19%；二班，就是后面那个班，占了94%。第二道，能够用"饱经风霜"这个词语来形容"父亲"这张脸的，一班，占了9%，二班，占了91%。我想，这个数据摆在你的面前，这个差异是不用再搞什么显著性检验了的。太明显了，对不对？

那么，为什么会这样呢？有专家说，这很容易解释，你看，一班的学生，对"饱经风霜"这个词语的掌握处于消极语汇状态，而二班呢，正好相反，处于积极语汇状态。什么是消极语汇？就是他知道这个词语，什么是饱经风霜？饱经风霜就是形容一个人经历了很多的艰辛和磨难，他知道，叫他解释，他能得满分。但是他不会运用，不会在新的语境下面正确有效地使用这个词。那什么是积极语汇呢？就是他懂，他能意会，他可能说得清也可能说不清，但是，不管怎样，他总能在新的语境里准确地、灵活自如地加以运用。一句话，消极语汇就是"不会用"的语汇，积极语汇就是"会用"的语汇。是不是这样？这是专家的看法。对于专家的看法，我怎么看呢？两句话，第一，讲得很对；第二，全是废话，（笑声）

为什么？因为问题的关键不在"消极"和"积极"，消极了怎样？积极了又怎样？都已经来不及了。生米都已经煮成熟饭了，对不对？（笑声）问题的关键在于，你怎么学，就变成了"消极语汇"；你怎么学，却能变成"积极语汇"。语文学到最后，学到最高的功夫，我看也就八个字——出口成章、下笔成文。是不是这样？（笑声、掌声）成章也罢、成文也罢，不就是"会用"二字吗？不就是语言的一种积极状态吗？那么，这种功夫、这种状态是怎么来的呢？我想，两个班的语文教学，多多少少给了我们一些有益的启示和说明。

我用这样一个案例，说明什么？二班的孩子凭什么学会了语文、学好了语文，我想，就是"感性教学"这个关键词。大家回想一下那个过程，有体验，有想象，有形象，有情感，有感悟，有运用，当然也没有排除理性和理解。但是所有这一切，都是以人的感性生命作为语文学习的出发点和最终归宿的。学生正是通过这种感性的学习方式，读出了"饱经风霜"这个词的形象、情味和意蕴，也正是通过这样的感性方式，"饱经风霜"这个词融化为学生的血肉、深入到学生的骨髓、成为学生精神世界中的又一个鲜活的元素。

而大量的语文教育却是理性泛滥，你看看，含义解释、情节分析、要点归纳、主题概括、文法梳通、语料记忆、反复练习，凡此种种，不胜枚举。教师纯理性地教语文，学生纯理性地学语文。结果是什么呢？语文的形象被淡化、语文的情感被稀释、语文的直觉被斩断、语文的想象被禁锢、语文的灵性被扼杀。一言以蔽之，感性枯竭。

对理性和感性，我们通常只是从哲学认识论的角度去把握它。的确，人的认识总是从感性认识上升到理性认识的。从这个意义上讲，感性是低级的，理性是高级的。但是，从人学的角度看，作为一个完整的生命，它总是由感性生命和理性生命组成的。理智、逻辑、抽象、意志、知性等构成人的理性生命，情感、直觉、形象、想象、灵性等构成人的感性生命。感性和理性，对一个完整的生命体而言，无所谓高级和低级。只有感性生命与理性生命和谐发展的人，才称得上是健全、完善的人。

学生是一个完整的生命体。他不仅具有理性生命，也同样具有感性生命。语文是一个完整的生命体。他不仅是作者理性的独白，也是作者感性的挥洒。课堂是一个完整的生命体。他不仅需要理性的启发和诱导，也需要感性的点燃和熏陶。我不是一个非理性主义者，也不是一个去理性主义者，相反，我很理性，对语文教学，我有着足够自觉的理性

精神。理性告诉我，在理性泛滥的今天，语文的感性教学显得尤为迫切、尤为重要。

回到生命的源头

好了，关于感性教学的内涵，我说了一大箩筐。其实，说了还是白说，还是一些正确的、漂亮的废话。（笑声）从根本上说，感性教学就是一个不断还原的过程。

注意！这里有一个非常重要的关键词，就是"还原"！大家知道，从生活到语言、从生命到语言，这是一个"命名"的过程；那么，什么是"还原"呢？就是回过去，从语言回到生活、从语言回到生命，这就是"还原"。感性教学、感性学习或者说语文之道，它的全部奥妙就在"还原"二字上。作为生活、生命符号的语言，你在学习它、掌握它、顺应它、同化它的过程中，始终伴随着一个还原的过程。你的"还原"越真切、越生动、越细致、越深入，那么，你的语文学习就越能进入积极的状态。

这是《黄河的主人》一课的教学片断，课文写的是黄河上游的那些艄公，他们在黄河的汹涌波涛上撑着羊皮筏子把乘客安全送到对岸的场面，从中让我们感受到黄河的主人，也就是那些艄公的那种镇定、机智和顽强。课文里有六个带生字的新词：羊皮筏子、艄公、竹篙、波浪滔滔、惊涛骇浪、如履平地。新词教学，而且一口气又是六个，往往是件相当枯燥的事儿，是不是？换我们通常做法，大概会这样教：初读课文，然后反馈检查，把这些新词呈现出来，小明读一读、小丽读一读、第一组读一读、第二组读一读、男生读一读、女生读一读、最后呢全班读一读，结了！（笑声）我相信平常都是这样的，为什么这样呢？第一，习惯了，每次初读反馈，都是这么个套路；第二，方便呀，就按照这个套路走，不用挖空心思想别的花招。是不是这个道理？（笑声）这样可不可以？当然可以。但是，有没有更好的教学方法了呢？我想，肯定是有的。

江苏的一位老师上这一课时，就作了一番很有创意的处理，这是我想不到的，确实有些出人意料。但回过头来再细细地那么一琢磨，发现他的处理正是再典型不过的感性教学。那么，他是怎么处理的呢？

　　前提当然是初读课文、整体感知。接着就是新词教学，用课件呈现六个新词：羊皮筏子、艄公、竹篙、波浪滔滔、惊涛骇浪、如履平地。先是指名朗读，扫除读音上的障碍；然后是小组学习，要求每个同学选其中的一个新词跟大家说说自己的理解；最后呢，就是组织全班交流，方式跟小组学习差不多，也是选一个新词说说自己的理解，当然这个新词是你特别有把握、讲得特别清楚的一个。教学到这儿，都是大家想得到的，是不是？不稀奇。那么，想不到的处理，就是从全班交流开始的。

　　第一个学生说的是"艄公"。艄公嘛，挺简单，就是撑船的人，课文中就是指撑着羊皮筏子的人。这是孩子的回答，没错。如果我们的词语教学到此为止，那就没戏了。（笑声）因为这样的学习还是一种消极状态，应付考试有用，表现生命没用。这位老师的教学没有到此为止，他马上跟进一步，注意，这一步至关重要。这一步，是传统教学和感性教学的分水岭。老师说："你能想象一下艄公会是什么样儿呢?"感性来了！感觉来了！本来嘛，"艄公"不过是一个抽象得不能再抽象的符号，它是干瘪的，空洞的，是一具没血没肉的木乃伊。（笑声）老师这么一跟进、一唤醒，"艄公"这个沉睡的符号就开始在学生的心中还魂了。（笑声）一个说："艄公会有一张饱经风霜的脸。"一个说："艄公的皮肤一定是黝黑黝黑的，因为他长期经受着黄河上的风吹浪打，日晒雨淋。"一个说："艄公应该有着强健的身体，他们的胳臂一定特别粗壮有力。"接着，老师打出一张照片，一张黄河艄公的特写镜头，大家看，这就是黄河艄公。

　　你看，符号开始还原了，是不是？向生活还原，向生命还原。所谓还原，就是把词语转化为生活中的某个形象，某个场景，某个细节，某个情节等等。这样一转化、一还原，这个词语就有了生命的气息，就活

了！所以，感性教学的实质就是这么八个字——出生入死，起死回生。（笑声）所谓出生入死，就是将自己的生命沉入词语、沉入语言；所谓起死回生，就是为词语、为语言注入感性的东西，从而使词语、使语言转化成自己生命中的血肉和灵魂。其实，任何一个词，一旦你把它看成一个独特的生命存在，它就有呼吸，就有心跳，就有脉搏，就有体温，就有血液缓缓流淌。

第二个学生说的是"如履平地"。什么叫如履平地呢？就是好像走在平坦的地上一样。老师就问："同学们，要理解这个词语，你们觉得关键是理解哪个字？"关键是这个"履"字，对不对？"那好，这个字的意思你是怎么理解的？"学生说："我是通过查字典，然后我知道了，履就是踩、踏的意思。"这个意思肯定不会错，但是，如果我们的教学到此为止，那就完了。老师马上跟进："请你读读课文中带有这个词语的句子。"注意！这一步很关键，这一步是走向感性教学的标志。学生就开始朗读书上的句子："他凭着勇敢和智慧，镇静和机敏，战胜了惊涛骇浪，在滚滚的黄河上如履平地，成了黄河的主人。"听完朗读，老师说："那么现在，你对'如履平地'这个词，还有哪些新的感受吗？"学生说："这是在滚滚的黄河上撑船，他能做到如履平地，说明他非常勇敢。"另一个补充说："他战胜了惊涛骇浪，在黄河上如履平地，说明他非常镇静和机敏，他的本领太厉害了。"

各位，这个时候学生对"如履平地"的理解到了一个怎样的层次呢？本来是以词解词，在一个抽象的层面上滑行。现在不同了，将这个词沉入一种语境、一种场景，和黄河的艄公紧紧地连在了一起，那么，他体味到的是这个词背后的某种情味、某种生命的意蕴，这就是感性教学。

语文大家夏丏尊先生曾经说过，语文学习顶顶要紧的是引发一种对文字的敏感，也就是所谓的"语感"。大家要知道，"语感"这个概念是夏公第一个提出来的，意义非凡啊！夏公说，在语感锐敏的人的心里，"赤"不但只解作红色，"夜"不但只解作昼的反面吧。"田园"不但只解作种菜的地方，"春雨"不但只解作春天的雨罢，见了"新绿"二字，就会感到希望焕然的造化之工，少年的气概等等说不尽的情趣。见了"落叶"二字，就会感到无常、寂寥等等说不尽的诗味罢。夏公最后这样说，真的生活在此，真的文学也在此。这最后两句话已经讲得很重很重了，是不是？大家嚼一嚼夏公的这番话，字字珠玑啊！金玉良言啊！至理名言啊！意味深长啊！一语点醒梦中人啊！（笑声）真的语文是感性的，真的生活是感性的，文字、符号，不过是一扇窗、一面镜子，透过它们，你必须看到大千世界、芸芸众生、风花雪月、喜怒哀乐。这才是教学语文的真法、正法啊！所以，台湾作家龙应台给"文史哲"打过一个比方，这个比方很有创意，又很熨帖。她说，文学就是倒映在湖面的白杨树。文学并没有改变白杨树，它改变的是白杨树的呈现方式。倒映在湖面的白杨树比岸上的白杨树更有诗意、更有美学意味、更接近人的梦境。这一切，都在说明一个相同的问题，语文是一种感性的存在，语文教学应该是一种感性的教学。

第三个学生说的是"惊涛骇浪"。惊涛骇浪，意为风浪大得让人害怕。对不对？这个学生是怎么理解这个词的呢？他说："我先查了'骇'的意思，因为这个字的意思我不太清楚。当我知道'骇'就是惊惧的意思时，我也就明白了整个词语的意思。"好！接下去的套路我们应该能够猜得出来了，用什么策略？对！感性教学！但是，具体怎么用，那是不可能有什么定法的。所谓运用之妙，存乎一心嘛！老师说："读到'惊涛骇浪'这个词，你们还联想到了书上的哪些词语呢？"你看，这回用的是同类联想法，跟前两个词语的感性教学是不同的。一个说："我想到了波浪滔滔。"一个说："我想到了浊浪排空。"一个说："我想到了汹涌激流。"一个说："我想到了黄河滚滚。"最后一个说："我想到了风浪险恶。"出来一串，跟糖葫芦似的。（笑声）

这六个词语，在文本语境中就自然而然地形成了一种"互文"的关系。大家知道，"互文"是一种修辞手法，就是前后语词相互解释、相互说明的意思。比方说"秦时明月汉时关"这一句，秦汉之间就是

诗意语文

196

一种互文的关系，实际的意思应该是"秦汉时候的明月，秦汉时候的关隘"。那么，这里的六个词语呢，相互之间实际上也存在这样一种互文的关系，你中有我、我中有你，这样一来，"惊涛骇浪"这个词语就黏附了更多的具象的、细节性的生活意义和生命意蕴，用一个词语来概况，就是"融会贯通"。老师跟进说："当你看到这样的水面，什么心情？"害怕！是吧？不然怎么叫"惊涛"呢？恐惧！对吧？不然怎么叫"骇浪"呢？"惊涛骇浪"本来不过是一个抽象的符号，是没有感觉没有生命气息的，现在呢，不一样了，感觉被唤醒了，感情被点燃了，感性被复活了，四个字就不再是四个字了，读到"惊涛骇浪"四个字，你的脸色会发白，你的血压会升高，你的心跳会加速，你的双腿会打颤。（笑声）语文教学和生命体验融为一体了，这就是感性的教学。人的本质是什么？不是理性，理性不过是大脑皮层的一点点功能。那是什么呢？感情！人的感情！只有人的感情更接近生命的本质，因为情感弥散在生命的每一个角落，渗透在生命的每一个细胞中。感性教学，就是要将语言植入学生的感情之中，成为他生命的一种本质。

"竹篙"和"羊皮筏子"没人说，为什么？不好说啊，是不是？（笑声）现在还有谁用"竹篙"？还有谁用"羊皮筏子"？都什么年代了？那么，老师怎么处理呢？很简单呀，放一段视频，让学生看呐，瞧！这就是竹篙。瞧！这就是羊皮筏子。看了，不就结了吗？还犯得着喋喋不休地去说吗？再说了，让你说，你都没见过那个羊皮筏子，你怎么说呀？你说得清吗？看过了，你就明白了，哦！原来这就是羊皮筏子呀！我也是看过实物照片之后才明白的，那个羊皮筏子，实际上就是把整只羊的皮剥下来，风干了之后呢，就像一只大口袋。然后往羊皮袋里充气，充得鼓鼓的。这样一来，你就可以将四只五只六只，当然还可以是更多充得鼓鼓的羊皮用绳子扎成一个平台，人呢，就可以坐在这个浮在水面的平台上。其实，羊皮筏子就相当于一个橡皮救生筏。太简陋了，不可想象这样的东西在黄河上还用来渡人。一个不小心，浪头过来，人就下去了，就没命了。可是，就是那么简单的渡河工具，在艄公的手里，他照样能够操纵自如、如履平地。

最后，老师说："我们一起再来读读这几个新词，读着读着，你的眼前仿佛出现了怎样的画面？"前面都是一个一个地说，在说的过程中介入感性教学，复活语词的生活气息、生命意蕴。现在呢，把六个词语连在一起，糅合文本的语境，使之成为一个立体的、生动的叙事场景，词的个数变了，但路数没变，还是在强化词语的感性教学。

那么，学生的反应如何呢？一个说："我仿佛看到黄河滚滚，奔腾咆哮，一排排巨浪汹涌地向岸边扑来，真叫我胆战心惊。我看到一位饱经风霜的艄公，在波浪滔滔的黄河上，勇敢地用竹篙驾驶着羊皮筏子。"一个说："我仿佛看到黄河滚滚向东流去，一个个浪头打向岸边，我的心都提到嗓子眼上了。一脸黝黑的黄河艄公，撑着竹篙，驾着羊皮筏子，凭着自己的勇敢和智慧，战胜了惊涛骇浪，在黄河上面如履平地。"一个说："我的眼前出现了这样的画面，混浊的黄河仿佛万马奔腾，一浪高过一浪，汹涌的激流飞快地向前涌去，好像要把黄河上面的羊皮筏子吞掉似的。让人越看越害怕。但一位勇敢而镇静的黄河艄公，机敏地用竹篙驾着羊皮筏子，在黄河上面如履平地，真是让人敬仰。"三个孩子，说得多好！第一，新词用得多，是不？这说明这些词在学生心中正处于一种积极的状态。第二，语言表达的画面感很强，因为用词丰富，而且多用具象色彩的词语。第三，画面中不时掺入自己的感受和体验，语言表达和情感表现有机地结合在一起。

我觉得，之所以取得这样理想的效果，跟老师及时适时地采取感性教学是密不可分的。这样一个片断，因为是相对集中的词语教学，搁在平时，那是一件很单调、很枯燥的事儿。但是，我们解读这个教学片断，感到的却是一种惊讶、一种出人意料、一种山阴道上行的味道，是不是？我觉得，他的成功之道就是一种"还原"，将原本被词语这个陷阱埋没了的、尘封了的种种生活的信息、生命的气息重新复活、重新焕发、重新回到阳光底下。让词语回到生命的源头，这恐怕是语文教学、语文学习的终极之门。

活在文本中

我刚才说过，很多情况下，我们的语文教学用的是科学的方法、数学的方法、知识学习的方法，是不是？那么，科学之道和语文之道的根本区别在哪里呢？我先讲一个哲学故事，在中国传统哲学上，有一个非常著名的故事，叫作"庄惠濠梁之辩"。"庄"指道家的庄子，"惠"指名家的惠子，"名家"其实是中国古代的逻辑学，"濠梁"呢，就是指濠河上面的拦河坝，濠河在现在的安徽省凤阳县，有凤阳花鼓，是朱元璋的老家。庄子跟惠子在濠河的拦河坝上干什么呢？看鱼。庄子看着濠河里的鱼感慨地说："瞧！鱼儿多快乐啊！"惠子呢，不以为然，说："你又不是鱼，你怎么知道鱼的快乐呢？"庄子马上就反驳说："那你又不是我，你怎么知道我不知道鱼的快乐呢？"惠子又说："我不是你，我不知道你的感受；你不是鱼，当然也就不知道鱼的感受了，还有什么可辩的呢？"你猜庄子怎么说？庄子一板一眼地说："请循其本。子曰'汝安知鱼乐'云者，既已知吾知之而问我。我知之濠上也。"什么意思？没听懂？（笑声）没听懂的很正常，文言文嘛，又是先秦诸子的作品。能听懂的，那就不正常了。要么是庄子再生，要么就是惠子下凡。（笑声）事先读过的不算。（笑声）庄子最后说什么呢？他老人家说，那就回到我们一开始的话题吧，你不是说我怎么知道鱼的快乐吗，你瞧，你说的话里明明已经肯定我知道鱼的快乐了，你才来问我的呀，对不对？（笑声）我知之濠上也，我是在濠上知道的呀！

这是个非常有趣的哲学故事，那么，我拿来告诉大家，我不是只为了图个有趣，是吧？我想说，庄子的方法就是语文的方法，惠子的方法就是科学的方法。为什么这样说呢？科学之道，就是主客分离之道，主体是主体，客体是客体，主体研究客体、分析客体、解剖客体，从中找出客体的客观规律，是不是？这是科学之道。所以，惠子和鱼的关系，就是主客分离的关系，是一种客观的、冷静的、理性的科学关系。那么，语文之道呢？那就正好相反，语文之道是主客融合之道，主体进入客体，物我同一，甚至物我两忘，不知是庄周化蝶还是蝶化庄周。（笑声）语文之道不是让你做个理性的旁观者，而是让你成为一个感性的当事人，让你进入鱼的世界，成为一条鱼，去感受去体验鱼的从容出游之乐。

一句话，语文之道就是要让自己活在文本中，而不是在文本中死去。（笑声）

《草船借箭》有这样一段话：这时候，大雾漫天，江上连面对面都看不清。天还没亮，船已经靠近曹军水寨。诸葛亮下令把船头朝西，船尾朝东，一字儿摆开，又叫船上的军士一边擂鼓，一边大声呐喊，鲁肃吃惊地说："如果曹兵出来，怎么办？"诸葛亮笑着说："雾这样大，曹操一定不敢派兵出来。我们只管饮酒取乐，天亮了就回去。"

很多老师都上过这课，很多老师都会关注课文的最后一句话：周瑜长叹一声说："诸葛亮神机妙算，我真不如他。"这篇课文抓什么？抓"神机妙算"，是不是？都觉得"神机妙算"是文眼，抓了这个文眼，就能纲举目张，就能一以贯之，就能牵一发而动全身。那么，怎么贯通呢？好办！到课文中去找一找嘛，哪些地方、哪些语言写出了诸葛亮的神机妙算。就这么一个问题，够了！牵一发而动全身啊！学生就去课文找了，找来找去，最后找了三条。头一条，"第一天，不见诸葛亮有什么动静；第二天，仍然不见诸葛亮有什么动静；直到第三天四更时候，诸葛亮秘密地把鲁肃请到船里。这时候，大雾漫天，江上连面对面都看不清。"行了，这不是神机妙算吗？你看，诸葛亮早在三天之前就已经知道这个时候长江之上必有一场大雾，来了一看，果不其然。这就叫"知天文"啊！第二条，鲁肃吃惊地说："如果曹兵出来，怎么办？"诸葛亮笑着说："雾这样大，曹操一定不敢派兵出来。我们只管饮酒取乐，天亮了就回去。"你瞧，后面曹操怎么做？也跟诸葛亮说的一样，第一，不敢派兵出来；第二，只叫弓弩手放箭，是不是？而且不放则已，一放如雨啊！神机妙算，太厉害了！（笑声）这就叫"知人心"啊！最后一条，天渐渐亮了，雾还没有散。这时候，船两边的草把子上都插满了箭。诸葛亮吩咐军士们齐声高喊："谢谢曹丞相的箭！"曹操知道自己上了当，但是追已经来不及。这边的船顺风顺水，早已飞一样地放回二十多里地了。你看，去的时候"逆风逆水"，没关系；回来的时候呢，却是"顺风顺水"，借了你的箭，还要往你的心窝子里再插上一刀。然后呢，顺风顺水，拜拜了！（笑声）说明什么？说明诸葛亮"知地利"呀！这不就是神机妙算吗？好了！大功告成了！该找的都找到了，该理解的都理解了，该概括的也都概况了。是不是？然后总结一下：你们看，诸葛亮的"神机妙算"表现在哪儿呢？第一，知天文；第二，知人心；第三，知地利。反过来说也一样啊，知天文说明他神机妙算，知人心说明他神机妙算，知地利也说明他神机妙算啊！好了，这个课就上完了。

这是语文课吗？这是语文之道吗？这是让学生活在文本中吗？各位啊！这是扒了诸葛亮的皮，抽了诸葛亮的筋，剁了诸葛亮的肉，吸了诸葛亮的血啊！（笑声）最后拎起来让学生看的哪是诸葛亮啊？（笑声）是诸葛亮的那副骷髅啊！（笑声）《草船借箭》这个故事，要形象有形象，要情节有情节，读起来应该是有形有色、有滋有味的，对不对？你这么一研究、这么一解剖，哪还有啊？文字的血肉、呼吸、体温、心跳，统统魂断蓝桥、烟消云散。诸葛亮成了一具供学生进行科学探究的尸体标本，（笑声）他老人家的风采、气度、神韵，全被你这把名叫"神机妙算"的手术刀给肢解得四分五裂、惨不忍睹了！（笑声）

所以，我说，这就是用科学的方法、数学的方法、知识的方法来学习语文，这样学是没有出路的。学习语文，要用语文之道，要把自己搁进去，搁到文本中去，和文本中的人物同呼吸、共命运，他笑你也笑、他哭你也哭、他发疯你也跟着发疯，（笑声）他就是你，你就是他，也不知你是他还是他是你。（笑声）用王国维先生的话来说，"隔"是一种境界，"不隔"也是一种境界。语文之道，追求的是"不隔"的境界，人与文不隔，不隔就是"融"嘛！要融入，要融洽，要融合，要融化呀！

那么，怎么教呢？怎么教才能让学生活在文本中呢？《草船借箭》这个故事主要写诸葛亮，写诸葛亮的神机妙算，这个肯定错不了，但不能这么条分缕析地干巴巴地学。这个故事写诸葛亮说话的地方一共有十一处，这十一处很有意思，前面十处，怎么写呢？诸葛亮说："用弓箭最好。"诸葛亮说："都督委托，当然照办。"诸葛亮说："只要三天。"诸葛亮说："我怎么敢跟都督开玩笑。"你听听，都是"诸葛亮说""诸葛亮说""诸葛亮说"，是不是？"说"之前有提示语吗？没有！有热身运动吗？没有！（笑声）但是，到了第十一处，也就是最后一处，不同了！有提示语了，有热身运动了。鲁肃吃惊地说："如果曹兵出来，怎么办？"诸葛亮笑着说："雾这样大，曹操一定不敢派兵出来。我们只管饮酒取乐，天亮了就回去。"听出来了吗？对！一个词，"笑着"。原著上呢，一个字，孔明"笑"曰。就这个"笑"字，各位，不得了啊！了不得啊！（笑声）它是一口井，一口还没有被人挖过的井，你挖呀，挖呀，挖出来的不是泥，不是水，是黄金啊！（笑声）诸葛亮一笑值千金啊！（笑声）

于是，围绕着诸葛亮的这个"笑"字，老师和学生之间就有了一番"活在文本中"的美妙体验。我请学生联系上下文琢磨琢磨，这个时候的诸葛亮到底在笑谁。一石激起千层浪啊！一个说，我觉得诸葛亮在笑鲁肃。你看，鲁肃一看船上的军士一边擂鼓一边大声呐喊，就吃了一惊。这说明，鲁肃根本就不知道诸葛亮草船借箭的计谋，老想着会不会出事呢？诸葛亮心想，鲁肃啊鲁肃，你也太老实太死脑筋了！我得宽慰你两句，你已经吃了一惊了，不能让好朋友再吃一惊了。那么，我就扮鲁肃，学生扮诸葛亮，我们来了个现场演读。鲁肃吃惊地说："如果曹兵出来，怎么办？"诸葛亮笑着说："雾这样大，曹操一定不敢派兵出来。我们只管饮酒取乐，天亮了就回去。"你听听，这叫什么"笑"？这叫宽慰地笑！

一个说，我觉得诸葛亮在笑曹操。为啥呢？你看，诸葛亮自己都说了，雾这样大，曹操一定不敢派人出来。那么，后来，曹操出来了吗？

果然没有出来。曹操怎么说？曹操说，江上雾很大，敌人突然来攻，我们不知虚实，不要轻易出动，只叫弓弩手放箭。好嘛！正中诸葛亮的下怀。我要的就是你的箭呀！诸葛亮太清楚曹操的为人了，生性多疑，奸诈透顶。现在这样一个战况，他只会让弓弩手放箭，而且肯定是放箭如雨。那么，我扮鲁肃，学生扮诸葛亮，再来个现场演读。鲁肃吃惊地说："如果曹兵出来，怎么办？"诸葛亮笑着说："雾这样大，曹操一定不敢派兵出来。我们只管饮酒取乐，天亮了就回去。"你听听，这回，诸葛亮的笑、诸葛亮的说，从表情到语气，从重音到节奏，还一样吗？这叫什么"笑"？这叫讽刺地笑！

一个说，我觉得诸葛亮在笑周瑜。这孩子，感觉与众不同。为什么说是在笑周瑜呢？诸葛亮说天亮了就回去，回去干吗？交箭啊！交给谁？周瑜啊！大家知道，周瑜叫诸葛亮造箭是假，谋诸葛亮性命是真。这一点，诸葛亮知道吗？太知道了！诸葛亮怎么对付呢？当场戳穿吗？走为上计吗？没有！他来了个若无其事、将计就计。你不是妒忌我吗？你不是要我的性命吗？好啊！我不要你的材料，不要你的人手，我只要你三天时间。时间一到，我亲手将这十万支箭交给你，我看你怎么办？我气死你！（笑声）诸葛亮心说，周瑜周公瑾，你要跟我斗，还嫩点儿！（笑声）好！我扮鲁肃，学生扮诸葛亮，我们又来个现场演读。鲁肃吃惊地说："如果曹军出来怎么办？"诸葛亮笑着说："雾这样大，曹操一定不敢派兵出来，我们只管饮酒取乐，天亮了就回去。"读的时候，有意把"回去"俩字儿读长了、读重了，强调回去以后的那份得意、那份骄傲。那么，这叫什么"笑"？这叫蔑视地笑！

最后一个说，我觉得诸葛亮是在笑自己。想想也是，诸葛亮可以笑鲁肃、可以笑曹操、可以笑周瑜，但是仔细一琢磨，他最应该笑的，是他自己！他高兴啊！他得意啊！他自豪啊！你瞧，算天文得大雾，算人心得万箭，算地利得顺风，算什么得什么，一算一个准。他能不笑自己吗？来！我扮鲁肃，学生扮诸葛亮，再读。鲁肃吃惊地说："如果曹军出来怎么办？"诸葛亮笑着说："雾这样大，曹操一定不敢派兵出来，我们只管饮酒取乐，天亮了就回去。"这时候，诸葛亮的谋略，诸葛亮的气度，诸葛亮的从容，诸葛亮的儒雅，诸葛亮的足智多谋，诸葛亮的胸有成竹，诸葛亮的神机妙算，诸葛亮的高瞻远瞩，诸葛亮的"羽扇纶巾，谈笑间，樯橹灰飞烟灭"的"雄姿英发"早已跃然纸上、跃然课上、跃然在每个学生的心上。（掌声）有人说，不对呀！您说的最后那一句是苏东坡夸周瑜的呀！我说，有什么不对？语言是死的，人是活的嘛！（笑声）再说了，东坡先生都已经过世一千多年了，你还怕他来找你算账不成？（笑声）

《草船借箭》是小说，是文学作品。诸葛亮是个历史人物，但在这里更是个文学人物，对不对？那么，怎么样才能进入文学呢？我们都在谈文学，但是文学的奥妙、文学的殿堂你有没有进入过呢？依我看，很多人都没有进入过。为什么？因为很多人都是死读文字、把文字读死，不是"见"到文字、把文字读活啊！在这里，"见"字就非常重要，你要看见、一种直觉的看见、一种形象鲜明的看见、一种裹挟着自己生命气息的看见，你才算进入了文学的奥妙、文学的殿堂。面对诸葛亮的"笑"字，你不要考虑这是语言文字呢还是形象情感呢？其实这是一回事，是分不开的，是水乳交融在一起的。你既要见到"笑"字，又要见到活生生的"笑容"，你既要不离文字，又要不落文字。这样才能真正进入文学的堂奥、享受语文的幸福和价值。

我在一篇文章中曾经这样阐述自己对这一教学过程的思考，我觉得，一方面，教师要引领学生将平面的语言文字转化为立体鲜活的人物形象，让诸葛亮笑盈盈地从文字中走出来，走到学生的眼前，走进学生的心中。而另一方面，又应该点拨学生转换对话视角，穿越历史的时空，将自己置身于草船借箭的场景中，成为其中的一个历史人物，与诸葛亮促膝而坐、谈笑风生。这样，学生就由物我两隔、情景相离的知性对话登陆到物我一体、情景交融的诗意对话。就像朱光潜先生说的那样："凝神观照之际，心中只有一个完整的孤立的意象，一无比较，无分析，无旁涉，结果常致物我由两忘而同一，我的情趣与物的意态遂往

复交流，不知不觉之中人情与物理互相渗透。"这是一种审美的自由，是生命的更为本真的自由。到这个时候，学生就能活在文本之中，就能和诸葛亮一起由两忘而致同一。

意的三重性

我们知道，语文教学说白了也就是两件事儿。第一件事儿，就是"由言到意"，由言到意的过程，是一个倾听的过程、理解的过程、吸纳的过程；第二件事儿，就是"由意到言"，由意到言的过程，正好相反，是一个表达的过程、创生的过程、外化的过程。

这两件事儿在语文教学中需要形成一个封闭的回路，即"由言到意再回到言"，或者"由意到言再回到意"，这样才能实现语文课程的专门目标。"言"在这里主要是指"言语"，即语言运用的行为过程和结果。

那么，"意"呢？"意"在语文教学中到底指什么呢？意思？意义？语文教学的很多问题，就出在对"意"这个核心概念地解读上。在课堂教学中，我们常常会这样问学生，这个词什么意思呀？这句话什么意思呀？这篇课文什么意思呀？然后，让学生以词解词、以句解句，满足于让学生弄懂它们的意思。我觉得，这样的语文教学其实是最没有意思的。（笑声）那么，"意义"呢？这里的"意"是指言语的意义吗？好像是，又好像不是。（笑声）请问，"意义"是什么意思呢？你瞧，刚刚还说"没有意思"，现在又要问"什么意思"了。（笑声）我查过《现代汉语词典》，这是本专门讲意思的又不太有意思的词典。（笑声）词典上说，所谓"意义"，就是指"语言文字或其他信号所表示的内容"。解释请见《现代汉语词典》第五版第1618页。（笑声）说来说去，"意"就是"内容"，就是语言文字的"内容"。语言文字的内容包罗万象、举不胜举，就像一个无底洞，什么东西都可以往里扔，但永远装不满，难道不是这样吗？所以，你去追求"意"的那个意思，哪怕你查了词典，明白了它的实际意思，你还是一片茫然，不知究竟该往哪

里走。这就叫什么？没有意思！（笑声）

　　其实，在我看来，在语文教学中，和"言"相对的这个"意"，包涵三个维度，或者说含有三层意思。第一，指"意象"，语言文字所创造的"意象"；第二，指"意境"，意象的叠加和连续呈现形成一种特定的情境；第三，指"意蕴"，透过意象和意境所要言说的意义，是言外之意、弦外之音。"意的三重性"才能构成一个完整的、丰富的、独特的语文之"意"。我觉得，这是一个相当重要的概念，这也是感性教学区别于传统教学的一个思想要素。

　　总而言之，言而总之，感性教学是一种形象化的教学，它要求我们还语文以画面、还语文以旋律、还语文以意象；感性教学是一种情感体验的教学，语文是最需要倾注情感的学科，"缀文者情动而辞发，观文者披文以入情"；感性教学是一种个性化的教学，语文是"艺术的空壳"，所谓"有一千个读者就有一千个哈姆雷特"，因此它要求尊重个体、张扬个性，尊重学生对文本的独特体验；感性教学是一种激发生命活力的教学，它视语文为一种独特的生命现象，学生的言语过程就是释放生命潜能、展现生命活力的过程；感性教学是一种以感性形式对学生的精神产生持久影响的教学，它认为语文的形象意义远远大于语文的概念意义。正是感性，让语文回到了生命的源头；正是感性，给语文注入了"日出江花红胜火，春来江水绿如蓝"的大千气象！（掌声）

图书在版编目(CIP)数据

诗意语文:王崧舟语文教育七讲/王崧舟著.—上海:
华东师范大学出版社,2008
ISBN 978-7-5617-6395-7

Ⅰ.诗... Ⅱ.王... Ⅲ.语文课—教学研究—小学
Ⅳ.G623.202

中国版本图书馆 CIP 数据核字(2008)第 142828 号

大夏书系·名师讲坛

诗意语文——王崧舟语文教育七讲

著　　者	王崧舟
策划编辑	朱永通
文字编辑	李永梅　汪明帅
版式创意	林茶居
封面设计	大象设计
责任印制	殷艳红

出版发行	华东师范大学出版社
社　　址	上海市中山北路 3663 号　邮编 200062
电话总机	021-62450163 转各部门　行政传真 021-62572105
客服电话	021-62865537(兼传真)
邮购电话	021-62869887
门市地址	上海市中山北路 3663 号华东师范大学校内先锋路口
网　　址	www. ecnupress. com. cn

印 刷 者	北京密兴印刷有限公司
开　　本	700×1000　16 开
印　　张	13.5
插　　页	1
字　　数	187 千字
版　　次	2008 年 10 月第一版
印　　次	2022 年 12 月第十三次
印　　数	40 101 — 43 100
书　　号	ISBN 978-7-5617-6395-7/G·3709
定　　价	42.00 元

出 版 人	朱杰人

(如发现本版图书有印订质量问题,请寄回本社市场部调换或电话 021-62865537 联系)